Schmolke/Deitermann

Industrielles Rechnungswesen IKR

Übungen zur Finanzbuchhaltung

von
Bianca Clasen
Manfred Deitermann
Wolf-Dieter Rückwart

Vorwort

Ergänzend zu Lehrbuch und passendem Arbeitsheft bietet dieses **Übungsheft** eine Vielzahl programmierter Aufgaben und Buchungsaufgaben. Diese folgen den Inhalten zum Bereich **Finanzbuchhaltung** in den Lehrwerken von **Schmolke/Deitermann**, die auf dem Industriekontenrahmen basieren. Die Kennzeichnung oben in der Seite, z. B. **B**, zeigt, in welchem Bereich des Lehrbuches „Schmolke/Deitermann, Industrielles Rechnungswesen – IKR" die behandelten Themen zu finden sind.

Das Übungsheft ist im Aufbau nah an den gängigen Prüfungsverfahren und bildet eine ausgezeichnete Grundlage zur Übung und Vertiefung des bereits Erlernten. Die Übungsaufgaben sind für jedes Niveau geeignet. Die abschließende komplexe Aufgabe verbindet die behandelten Themen miteinander und schafft so einen noch größeren Bezug zur Praxis.

Die Lösungen zu den Aufgaben dieses Übungsheftes sind unter der Bestell-Nr. 978-3-8045-**6563**-0 über den Verlag zu beziehen (siehe dazu auch **www.winklers.de**).

Beachten Sie bitte: Ergebnisse, die mithilfe von Zwischenergebnissen errechnet werden müssen, basieren auf nicht gerundeten Zahlen. Es kann zu Rundungsfehlern kommen.

Autoren und Verlag wünschen Ihnen viel Erfolg bei der Arbeit mit diesem Übungsheft.

Die Verfasser

Druck: westermann druck GmbH, Braunschweig

service@winklers.de
www.winklers.de
Bildungshaus Schulbuchverlage Westermann
Schroedel Diesterweg Schöningh Winklers GmbH,
Postfach 33 20, 38023 Braunschweig

ISBN 978-3-8045-**6663**-7

3. Auflage
© Copyright 2016: Bildungshaus Schulbuchverlage Westermann Schroedel Diesterweg Schöningh Winklers GmbH, Braunschweig

Bedeutung der Buchführung

Kreuzen Sie in den Aufgaben 1 bis 3 die richtige(n) Aussage(n) an.

Aufgabe 1

Für wen ist die Buchführung von Bedeutung?

a) Für private Haushalte, da sie so ihre Einnahmen und Ausgaben kontrollieren können. ☐

b) Für wirtschaftliche Unternehmen, da sie so Aussagen über ihr Vermögen, ihre Schulden und ihren Erfolg erhalten. ☐

c) Für Finanzbehörden, da sie so über eine Grundlage zur Berechnung von Steuern verfügen. ☐

d) Für Lieferanten des buchführungspflichtigen Unternehmens, da sie so vor Zahlungsausfällen geschützt sind. ☐

Aufgabe 2

Welche Aufgaben erfüllt die Buchführung im Industriebetrieb?

a) Sie bildet die Grundlage für die Selbstkostenrechnung und Preiskalkulation im Industriebetrieb. ☐

b) Sie ermöglicht die Errechnung aller Ein- und Verkaufspreise der Erzeugnisse. ☐

c) Sie bildet die Grundlage für die Organisation des Industriebetriebes. ☐

d) Sie hält alle Veränderungen der Vermögenswerte und Schulden fest und ermittelt den Erfolg des Unternehmens. ☐

Aufgabe 3

In welchen Gesetzen und Verordungen ist die Buchführungspflicht festgelegt?

a) in Steuergesetzen, z. B. in der Abgabenordnung ☐

b) im HGB §§ 238 ff. ☐

c) im BGB ☐

d) im Wechsel- und Scheckgesetz ☐

Vervollständigen Sie die nachstehenden Aussagen.

Aufgabe 4

Nach dem Handelsrecht ist jeder _____ verpflichtet, Bücher zu führen, und er muss sich zudem an die Grundzüge ordnungsmäßiger Buchführung halten. Von der Buchführungspflicht sind _____ ausgenommen, wenn sie die Bedingungen gemäß § 241 a HGB erfüllen.

Nach dem Steuerrecht sind aber auch Unternehmen zur gleichen Buchführung verpflichtet, wenn sie nicht zu den Kaufleuten zählen, aber einen Jahresumsatz von mehr als _____ haben oder aber ihr Gewinn _____ übersteigt.

Aufgabe 5   Nennen und erklären Sie die Grundlagen ordnungsmäßiger Buchführung (GoB).

1.	Wahrheit	
2.		übersichtlich, keine Verrechnung zwischen Vermögen und Schulden, keine Radierungen
3.		
4.		
5.		

Aufgabe 6   Bestimmen Sie nach den Ordnungsvorschriften für die Aufbewahrung von Unterlagen das Datum, bis zu dem der Materialentnahmeschein ME 792, der am 12.03.2012 ausgestellt wurde, aufbewahrt werden muss, wenn er nicht auf einem Mikrofilm gespeichert wurde.

Materialentnahmeschein   **H** HEIDTKÖTTER

Abt.: Rohstofflager
Nr.: 792   Heidtkötter KG, Bielefeld

Datum: 12.03.2012   **Entnehmende Kostenstelle:** Gestellfertigung
Auftrag: A 245/05   **Serie:** *elegance*

Art.-Nr.	Menge	Einheit	Bezeichnung	€/Einheit	Summe
345 R	5 000	m	Stahlrohre, oval, 45 x 20 mm	1,33 €	6.650,00 €
Buchhaltung:					6.650,00 €

ausgestellt: *Schäfer*   **ausgegeben:** *Freund*
(Betriebsleiter)   (Lager)

Inventur, Inventar und Bilanz

Kreuzen Sie die richtige(n) Aussage(n) an.   **Aufgabe 7**

Was versteht man unter „Inventur"?	
a)	die Bestandsaufnahme der Warenvorräte zum 31. Dezember eines jeden Jahres	
b)	ein ausführliches Bestandsverzeichnis aller Vermögensteile und Schulden	
c)	die Bestandsaufnahme des gesamten Anlagevermögens zum 31. Dezember	
d)	die mengen- und wertmäßige Bestandsaufnahme aller Vermögensteile und Schulden	

In der folgenden Zeichnung sind die Verfahren zur Vereinfachung der Inventur mit den unterschied-   **Aufgabe 8**
lichen Zeitpunkten zu ergänzen.

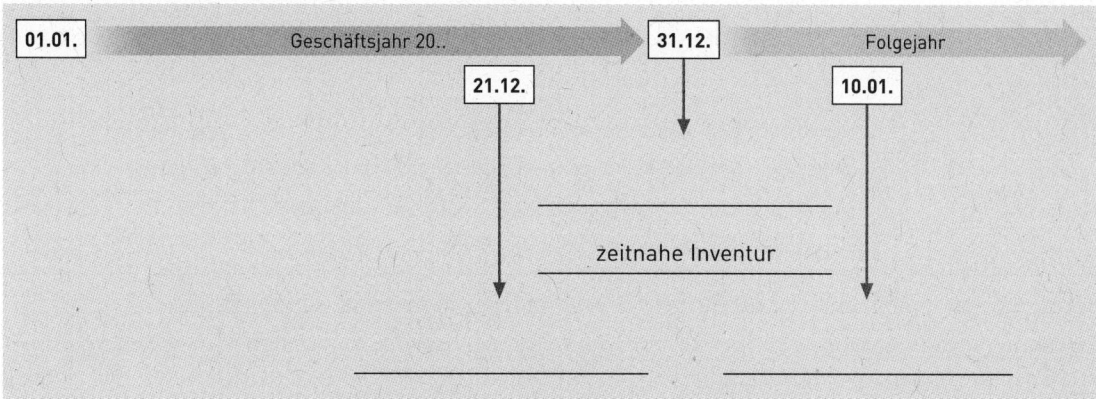

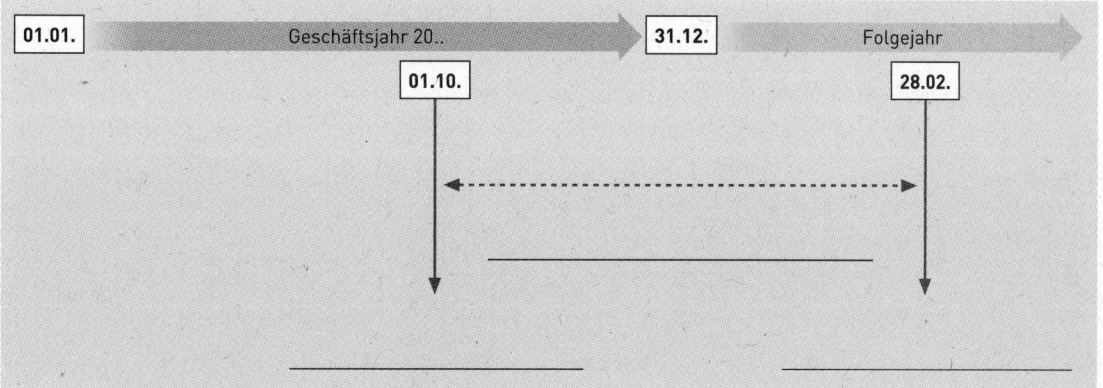

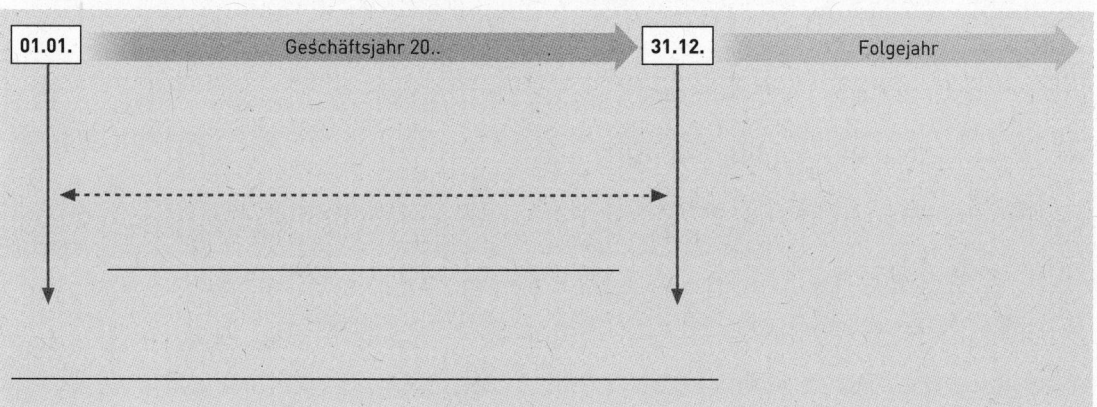

Aufgabe 9   Ergänzen Sie bitte die folgende Tabelle.

Nr.	Art der Inventur	Erklärung
1.	**Stichtagsinventur**	
2.		Sie ist eine körperliche Bestandsaufnahme, die drei Monate vor oder in den ersten zwei Monaten nach dem Abschlussstichtag gemacht werden kann.
3.		
4.		Sie wird mit anerkannten mathematisch-statistischen Verfahren vollzogen. Eine Stichprobe einer beliebigen Lagerposition wird körperlich aufgenommen. Das Ergebnis wird auf den Gesamtinventurwert hochgerechnet.

Aufgabe 10   Bei einem Automobilhersteller wird zum Jahresabschluss die Inventur durchgeführt.

Zur mengenmäßigen Aufnahme der körperlichen Vermögensgegenstände stehen dem Unternehmen verschiedene Methoden zur Verfügung.

Ordnen Sie zu.

Stahl für die Karosserie – Auslegeware für die Fahrzeuginnenräume – Nägel – Büroausstattung der Verwaltung – Stoffe für die Sitzbezüge – fertiggestellte Fahrzeuge

Methoden	Zuordnung der Waren für die Inventur
Zählen	
Messen	
Wiegen	
Schätzen	

Aufgabe 11   Kreuzen Sie die richtige(n) Aussage(n) an.

Was versteht man buchhalterisch unter „Inventar"?	
a)	ein ausführliches Verzeichnis aller Vermögensteile und Schulden nach Art, Menge und Wert
b)	ein anderer Ausdruck für „Inventur"
c)	die Bestandsaufnahme aller Vermögensteile und Schulden nach Art, Menge und Wert
d)	die Betriebs- und Geschäftsausstattung

© Winklers · Schmolke/Deitermann · Übungen zur Finanzbuchhaltung · 66636

Ordnen Sie in Anlagevermögen (AV), Umlaufvermögen (UV), langfristige Schulden (lS) und kurzfristige Schulden (kS).

Aufgabe 12

Nr.	Vermögen/Schulden	Zuordnung	Nr.	Vermögen/Schulden	Zuordnung
1.	Geschäftshaus	AV	11.	Postbankguthaben	
2.	Kassenbestand		12.	Unbebaute Grundstücke	
3.	Bankguthaben		13.	Forderungen aus Lieferungen und Leistungen	
4.	Rohstoffe		14.	Personal Computer	
5.	Personenkraftwagen		15.	Produktionsmaschine	
6.	Technische Anlagen		16.	Kontokorrentkredit	
7.	Hypothekenschulden		17.	Werkzeug	
8.	Werkstatteinrichtung		18.	Verbindlichkeiten aus Lieferungen und Leistungen	
9.	Hubwagen		19.	Lastkraftwagen	
10.	Darlehensschulden		20.	Lagerschuppen	

Welche Posten des Umlaufvermögens eines Fahrradherstellers werden hier gekennzeichnet?

Aufgabe 13

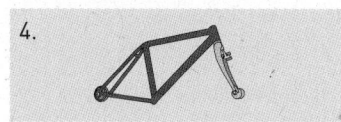

Nr.	Bezeichnung	Vermögensposten
1.	Aluminiumrohr/Stahlrohr	Rohstoffe Hauptbestandteil des Fahrrades
2.	Sattel	
3.		

Nr.	Bezeichnung	Vermögensposten
4.		
5.		

Aufgabe 14 Der Fahrradhersteller S. Thede e. K., Hamburg, hat zum 31.12.01 (und zum 31.12.02) im Rahmen der Inventur folgende Vermögenswerte und Schulden festgestellt:

Vermögensgegenstände und Schulden	Jahr 01	Jahr 02
Forderungen aus Fahrradverkäufen an die Stammkundin Frau Hansen	15.500,00	20.200,00
Verbindlichkeiten an den Lieferanten Gummiwerke F. Meyer e. K.	23.000,00	21.400,00
Kassenbestand	6.000,00	2.800,00
Betriebs- und Geschäftsausstattung (BGA) *lt. Anlagenverzeichnis 2*	85.000,00	93.000,00
Forderungen gegenüber dem Radsportverein RSV Bad Oldesloe	7.300,00	6.800,00
Verbindlichkeiten gegenüber der Stahlwerke Reinhold OHG	42.500,00	41.300,00
Technische Anlagen und Maschinen (TA u. Maschinen) *lt. Anlagenverzeichnis 1*	200.000,00	160.000,00
Fertige Erzeugnisse	35.000,00	24.000,00
Darlehensschulden bei der Sparkasse Hamburg	12.000,00	14.000,00
Unfertige Erzeugnisse	21.000,00	28.000,00
Verwaltungsgebäude	220.000,00	240.000,00
Guthaben bei der Sparkasse Hamburg	36.000,00	45.000,00
Unbebaute Grundstücke	35.000,00	35.000,00
Geschäftshaus	240.000,00	230.000,00
Hypothekenschulden bei der Sparkasse Hamburg	180.000,00	150.000,00
Hilfsstoffe *lt. Anlagenverzeichnis 5*	12.000,00	8.500,00
Darlehensschulden bei der Deutschen Bank	28.000,00	24.000,00
Betriebsstoffe *lt. Anlagenverzeichnis 6*	4.300,00	5.200,00
Postbankguthaben	6.200,00	7.300,00
Rohstoffe *lt. Anlagenverzeichnis 4*	22.800,00	19.800,00
Fuhrpark *lt. Anlagenverzeichnis 3*	33.000,00	68.000,00

Erstellen Sie aus den Inventurwerten das jeweilige Inventar.

Inventare des Fahrradherstellers S. Thede e. K.	zum 31.12.01		zum 31.12.02	
A. Vermögen				
I. Anlagevermögen				
1. Grundstücke und Bauten				

	zum 31.12.01	zum 31.12.02
Summe des Anlagevermögens:		
II. Umlaufvermögen		
6. Forderungen aus Lieferungen und Leistungen		
Summe des Umlaufvermögens:		
Summe des Vermögens		
	zum 31.12.01	zum 31.12.02

	zum 31.12.01	zum 31.12.02
Übertrag: Summe des Vermögens		
B. Schulden		
I. Langfristige Schulden		
Summe der langfristigen Schulden:		
II. Kurzfristige Schulden		
Summe der kurzfristigen Schulden:		
Summe der Schulden		

C. Ermittlung des Eigenkapitals	für den 31.12.01	für den 31.12.02
Summe des Vermögens		
– Summe der Schulden		

Kreuzen Sie die richtige(n) Aussage(n) an.

Aufgabe 15

Was ist eine „Bilanz"?	
a) eine ausführliche Aufstellung aller Vermögensteile und Schulden eines Unternehmens	
b) eine Gegenüberstellung der Vermögensteile und Schulden	
c) eine andere Bezeichnung für den Geschäftsbericht eines Unternehmens	
d) eine kurz gefasste, kontenmäßige Gegenüberstellung der Vermögensformen und -quellen eines Unternehmens	

Vervollständigen Sie die nachstehenden Aussagen.

Aufgabe 16

Die Passivseite der Bilanz gibt Auskunft über die _____ der finanziellen Mittel.

Sie zeigt dementsprechend die _____ auf.

Die Aktivseite der Bilanz weist dagegen die _____ des Kapitals aus.

Sie gibt deshalb Auskunft über die _____.

Die Bilanzen des Fahrradherstellers S. Thede e. K., Hamburg, sind aufgrund der Inventare (siehe Aufgabe 14 auf der Seite 8) zum 31. Dezember 01 und zum 31. Dezember 02 zu erstellen.

Aufgabe 17

Aktiva	Bilanz zum 31.12.01	Passiva

→

Aktiva			Bilanz zum 31.12.02		Passiva

Aufgabe 18

Stellen Sie aufgrund nachstehender Bilanzwerte Folgendes fest:

a) Mit welchem Gesamtkapital, Eigen- und Fremdkapital arbeitet die Unternehmung?

b) In welchem Ausmaß ist das Anlagevermögen vom Eigenkapital gedeckt?

c) Wie hoch ist das Umlaufvermögen?

d) Wie hoch sind die kurzfristigen Verbindlichkeiten?

e) Wie hoch sind die flüssigen Mittel?

Hypothekenschulden	210.000,00
Betriebs- und Geschäftsausstattung	90.000,00
Verbindlichkeiten gegenüber Lieferern	97.000,00
Bankguthaben	95.000,00
Forderungen an Kunden	60.000,00
Kasse	10.000,00
Darlehensschulden	93.000,00
Bebaute Grundstücke	210.000,00
Fertige Erzeugnisse	40.000,00
Rohstoffe	80.000,00
Hilfsstoffe	15.000,00
TA und Maschinen	300.000,00

© Winklers · Schmolke/Deitermann · Übungen zur Finanzbuchhaltung · 666312

a) Eigenkapital: _____

   Fremdkapital: _____

   Gesamtkapital: _____

b) Anlagevermögen: _____

   Eigenkapital: _____

   Deckungsgrad = $\dfrac{\rule{4cm}{0.4pt} \cdot 100\ \%}{\rule{4cm}{0.4pt}}$ = _____ %

c) Umlaufvermögen: _____

d) Kurzfristige Verbindlichkeiten: _____

e) Flüssige Mittel: _____

Führen Sie die Erfolgsermittlung aufgrund der angegebenen Daten durch. **Aufgabe 19**

Eigenkapital am Ende des Jahres	250.000,00	300.000,00
Eigenkapital am Anfang des Jahres	190.000,00	340.000,00
Kapitalmehrung (+) bzw. Kapitalminderung (–)		
Privatentnahmen	32.000,00	60.000,00
Neueinlagen	9.000,00	20.000,00
Gewinn (+) bzw. Verlust (–)		

Kreuzen Sie die richtige(n) Aussage(n) an. **Aufgabe 20**

Worüber gibt die Bilanz Auskunft?	
a) Die Bilanz zeigt auf der Aktivseite, woher das Kapital stammt, mit dem das Unternehmen arbeitet.	☐
b) Die Bilanz gibt auf der Passivseite über die Finanzierung Auskunft.	☐
c) Die Bilanz zeigt auf der Aktivseite die Veränderungen des Vermögens.	☐
d) Die Bilanz gibt über die Vermögens- und Schuldenlage eines Unternehmens zum Abschlussstichtag Auskunft.	☐

Bestimmen Sie aufgrund der folgenden kurz gefassten Bilanz die Prozentzahlen von (1) Anlagevermögen zu Umlaufvermögen, von (2) Eigenkapital zu Fremdkapital und von (3) Eigenkapital zu Anlagevermögen: **Aufgabe 21**

Aktiva	Bilanz		Passiva
Anlagevermögen (AV)	8.000.000,00	Eigenkapital	6.000.000,00
Umlaufvermögen (UV)	14.000.000,00	Fremdkapital	16.000.000,00
Gesamtvermögen	**22.000.000,00**	**Gesamtkapital**	**22.000.000,00**

(1) AV : UV = _____ %   (2) EK : FK = _____ %   (3) EK : AV = _____ %

Buchen auf Bestandskonten

Aufgabe 22

Kreuzen Sie die richtige(n) Aussage(n) an.

Warum wird die Bilanz in Konten aufgelöst?	
a) Weil die Konten die Bilanz ergänzen sollen.	
b) Weil das Konto eine übersichtliche Einzelabrechnung jedes Bilanzpostens ermöglicht.	
c) Weil das HGB die Aufstellung der Bilanz in Konten vorschreibt.	
d) Weil die Steuergesetze die Kontenführung und -gliederung vorschreiben.	

Aufgabe 23

Kreuzen Sie die richtige(n) Aussage(n) an.

Wie werden die aktiven und passiven Bestandskonten geführt?	
a) Anfangsbestand und Mehrungen der Passivkonten stehen auf der Sollseite.	
b) Minderungen und Mehrungen der Aktivkonten stehen auf der Sollseite.	
c) Minderungen und Schlussbestand der Passivkonten stehen auf der Sollseite.	
d) Anfangsbestand und Mehrungen der Aktivkonten stehen auf der Sollseite.	

Aufgabe 24

Bei den unten aufgeführten Geschäftsfällen sind folgende Fragen zu beantworten:

1. Welche Posten der Bilanz werden berührt?
2. Handelt es sich um Aktiv- oder/und Passivposten der Bilanz?
3. Wie wirkt sich der Geschäftsfall auf die Bilanzposten aus?
4. Um welche der vier Arten der Bilanzveränderung handelt es sich?

Geschäftsfälle	
1. Kauf von Rohstoffen auf Ziel	7.000,00
2. Begleichen einer fälligen Rechnung durch Banküberweisung	3.000,00
3. Bareinkauf von Hilfsstoffen	1.200,00
4. Ein Kunde begleicht eine Rechnung durch Banküberweisung.	2.000,00
5. Zum Kauf einer Produktionsmaschine nehmen wir ein Darlehen auf.	170.000,00
6. Ausgleich einer fälligen Kundenrechnung per Barzahlung	900,00
7. Wir nehmen eine Bareinzahlung auf unser Bankkonto vor.	2.500,00
8. Kauf eines Schreibtisches per Bankscheck	4.500,00
9. Überweisung vom Postbankkonto auf unser Bankkonto	9.000,00
10. Barabhebung von unserem Bankkonto	1.500,00
11. Überweisung der monatlichen Tilgungsrate der Hypothek	2.500,00
12. Kauf eines Firmenfahrzeuges gegen Bankscheck	19.500,00
13. Überweisung eines fälligen Rechnungsbetrags auf unser Postbankkonto durch einen Kunden	1.200,00
14. Kauf von Betriebsstoffen auf Ziel	8.500,00
15. Ausgleich der ER 23 durch Banküberweisung	7.300,00
16. Abbuchung der Bank zur Tilgung eines Darlehens	1.500,00
17. Umwandlung einer Darlehensschuld in eine Hypothekenschuld	45.000,00
18. Überweisung von einem Kunden auf unser Bankkonto	4.500,00

© Winklers · Schmolke/Deitermann · Übungen zur Finanzbuchhaltung · 666314

Analyse der Geschäftsfälle

Arbeitshilfe: Geschäftsfall 1 ist bereits korrekt ausgefüllt.

1.	Rohstoffe	Verbindlichkeiten a. LL
	Aktivkonto	Passivkonto
	+ 7.000,00	+ 7.000,00
	Aktiv-Passiv-Mehrung	
	Soll	Haben

2.		

3.		

4.		

5.		

6.		

→

7.

8.

9.

10.

11.

12.

© Winklers · Schmolke/Deitermann · Übungen zur Finanzbuchhaltung · 666316

13.

14.

15.

16.

17.

18.

Aufgabe 25 Vervollständigen Sie zunächst die Analyse der Geschäftsfälle aus Aufgabe 24 und bilden Sie anschließend die Buchungssätze.

Buchungssätze			
Nr.	Text	Soll	Haben
1.			
	an		
2.			
	an		
3.			
	an		
4.			
	an		
5.			
	an		
6.			
	an		
7.			
	an		
8.			
	an		
9.			
	an		
10.			
	an		
11.			
	an		
12.			
	an		

© Winklers · Schmolke/Deitermann · Übungen zur Finanzbuchhaltung · 666318

13.				
an				
14.				
an				
15.				
an				
16.				
an				
17.				
an				
18.				
an				

Nennen Sie jeweils den Buchungssatz und den Geschäftsfall zu den Buchungen in den folgenden Konten.   **Aufgabe 26**

Soll		Rohstoffe		Haben
	Anfangsbestand	120.000,00	Schlussbestand	150.000,00
1.	Verbindlichkeiten a. LL	7.000,00		
2.	Bankguthaben	20.000,00		
3.	Kasse	3.000,00		
		150.000,00		150.000,00

Soll		Verbindlichkeiten aus Lieferungen und Leistungen		Haben
4.	Bankguthaben	8.000,00		Anfangsbestand	80.000,00
	Schlussbestand	82.000,00	5. Rohstoffe	5.000,00
			6. Fuhrpark	3.000,00
			7. TA und Maschinen	2.000,00
		90.000,00		90.000,00

Zur Bearbeitung dieser Übungsaufgabe steht Ihnen die folgende Arbeitshilfe zur Verfügung:

Analyse der Buchungen

1.	Rohstoffe	Verbindlichkeiten a. LL
	Aktivkonto	Passivkonto
	+	+
	Soll	Haben

Arbeitshilfe: Buchung 1 ist bereits korrekt ausgefüllt.

→

2.

3.

4.

5.

6.

7.

© Winklers · Schmolke/Deitermann · Übungen zur Finanzbuchhaltung · 666320

Buchungssätze

Nr.	Text	Soll	Haben
1.	Rohstoffe	7.000,00	
	an Verbindlichkeiten aus Lieferungen und Leistungen		7.000,00
2.			
	an		
3.			
	an		
4.			
	an		
5.			
	an		
6.			
	an		
7.			
	an		

Nr.	Geschäftsfälle
1.	Kauf von Rohstoffen auf Ziel für 7.000,00 €
2.	
3.	
4.	
5.	
6.	
7.	

Aufgabe 27

1. Erstellen Sie zunächst die Eröffnungsbilanz und eröffnen Sie die Bestandskonten mithilfe des EBKs.
2. Bilden Sie die Buchungssätze zu den Geschäftsfällen und übertragen Sie diese in das Grundbuch.
3. Führen Sie das Hauptbuch und schließen Sie die Konten über das SBK ab.
4. Erstellen Sie die Schlussbilanz.

Anfangsbestände	
Verbindlichkeiten aus Lieferungen und Leistungen	66.000,00 €
Betriebs- und Geschäftsausstattung	77.000,00 €
Kasse	8.200,00 €
Darlehensschulden	124.000,00 €
Rohstoffe	145.000,00 €
Fuhrpark	188.000,00 €
Bankguthaben	48.000,00 €
Forderungen aus Lieferungen und Leistungen	56.000,00 €
Eigenkapital	332.200,00 €

Geschäftsfälle		
1.	Zieleinkauf von Rohstoffen lt. ER 22	9.600,00 €
2.	Barkauf einer Schreibtischkombination	1.800,00 €
3.	BA 1: Überweisung an Lieferer zum Ausgleich einer Eingangsrechnung	8.500,00 €
4.	BA 2: Überweisung der Tilgungsrate für Darlehensschulden	1.600,00 €
5.	Zielverkauf von gebrauchten Büromaschinen	25.000,00 €
6.	Barzahlung für Rohstoffeinkäufe	700,00 €
7.	BA 3: Zahlungseingang vom Kunden	6.200,00 €
8.	Finanzierungskauf eines Geschäftswagens durch Aufnahme eines Darlehens	30.000,00 €

Aktiva	Eröffnungsbilanz		Passiva

© Winklers · Schmolke/Deitermann · Übungen zur Finanzbuchhaltung · 666322

Eröffnungsbuchungen

Nr.	Text	Soll	Haben
a)	Betriebs- und Geschäftsausstattung		
	an Eröffnungsbilanzkonto		
b)			
	an		
c)			
	an		
d)			
	an		
e)			
	an		
f)			
	an		
g)			
	an		
h)			
	an		
i)			
	an		

Laufende Buchungen

Nr.	Text	Soll	Haben
1.			
	an		
2.			
	an		

Nr.	Text	Soll	Haben
3.			
	an		
4.			
	an		
5.			
	an		
6.			
	an		
7.			
	an		
8.			
	an		

Laufende Buchungen (header row)

Aktiva		Eröffnungsbilanzkonto		Passiva
		a) Betriebs- u. Geschäftsausstattung		

Soll		Fuhrpark		Haben

Soll			Forderungen a. LL			Haben

Soll			Betriebs- und Geschäftsausstattung			Haben
(Eröffnungsbilanzkonto) EBK						

Soll			Bankguthaben			Haben

Soll			Rohstoffe			Haben

Soll			Eigenkapital			Haben

Soll			Kasse			Haben

→

Soll			Darlehensschulden			Haben

Soll			Verbindlichkeiten a. LL			Haben

Soll			Schlussbilanzkonto			Haben

Abschlussbuchungen				
Nr.	**Text**		**Soll**	**Haben**
j)				
	an			
k)				
	an			
l)				
	an			
m)				
	an			

© Winklers · Schmolke/Deitermann · Übungen zur Finanzbuchhaltung · 666326

Abschlussbuchungen

Nr.	Text	Soll	Haben
n)			
	an		
o)			
	an		
p)			
	an		
q)			
	an		
r)			
	an		

Aktiva		Schlussbilanz		Passiva
Betriebs- und Geschäftsausstattung				

Kreuzen Sie die richtige(n) Aussage(n) an.

Aufgabe 28

Die nachfolgenden Buchungssätze drücken bestimmte Wertveränderungen in der Bilanz aus.	
a)	Die Buchung „Bank an Forderungen a. LL" beschreibt einen Aktivtausch.	
b)	Die Buchung „Rohstoffe an Verbindlichkeiten a. LL" beschreibt eine Aktiv-Passiv-Minderung.	
c)	Die Buchung „Verbindlichkeiten a. LL an Kurzfristige Bankschulden" beschreibt einen Passivtausch.	
d)	Die Buchung „Kasse an Bank" beschreibt eine Aktiv-Passiv-Mehrung.	

Buchen auf Erfolgskonten

Aufgabe 29

Ergänzen Sie die folgenden Aussagen:

Erfolgskonten sind _____ des Eigenkapitalkontos und werden unterschieden

in _____. Sie dienen zur jährlichen Ermittlung von

_____ oder _____ und erscheinen nie in der _____

oder der _____.

_____ stellen den gesamten Werteverzehr eines Unternehmens an Gütern

und Diensten dar und _____ das Eigenkapital.

_____ sind alle Wertezuflüsse, die den Gewinn des Unternehmens und somit das

Eigenkapital _____.

Erfolgskonten werden über das _____ so abgeschlossen, dass auf

der Sollseite alle _____ und auf der Habenseite alle _____

ausgewiesen werden.

Aufgabe 30

Bei den folgenden Geschäftsfällen sollen Sie entscheiden, inwiefern sich diese auf den Erfolg eines Unternehmens auswirken. Wird durch den Geschäftsfall das Eigenkapital vermindert (V), wird es erhöht (G) oder aber nicht beeinflusst (N)?

Nr.	Geschäftsfall	Erfolgs-auswirkung
1.	Einkauf von Betriebsstoffen gegen Bankscheck	
2.	Barkauf von Büromöbeln	
3.	Zielverkauf von gebrauchten Büromaschinen	
4.	Die Bank belastet uns mit Zinsen.	
5.	Zieleinkauf von Rohstoffen lt. ER 22	
6.	Barkauf von Büromaterial lt. KB 5	
7.	BA 3: Überweisung der Löhne	
8.	Rechnungseingang für Werbeanzeigen	
9.	Barzahlung für Wartung der Büromaschinen	
10.	KB 7: Kauf von Postwertzeichen, bar	

© Winklers · Schmolke/Deitermann · Übungen zur Finanzbuchhaltung · 666328

Nr.	Geschäftsfall	Erfolgs-auswirkung
11.	Begleichung einer Lieferrechnung durch Banküberweisung	
12.	Zinsgutschrift der Bank	
13.	Mieteinnahmen, bar	
14.	Unsere Banküberweisung für Gewerbesteuer	
15.	Bankgutschrift für erhaltene Provisionen	
16.	Ein Kunde bezahlt eine Rechnung durch Banküberweisung.	
17.	Lastschrift der Bank für Darlehenszinsen	
18.	Banküberweisung für Beitrag an die Industrie- und Handelskammer	

ER = Eingangsrechnung   KB = Kassenbeleg   BA = Bankauszug

Kreuzen Sie die richtige(n) Aussage(n) an.   Aufgabe 31

Wie kann der Verbrauch an Roh-, Hilfs- und Betriebsstoffen ermittelt werden?	
a)	anhand der vorliegenden Rechnungen von Lieferern	
b)	anhand der Materialentnahmescheine für die einzelnen Werkstoffarten	
c)	am Ende des Abrechnungszeitraumes durch eine Inventur	
d)	anhand der Herstellungsaufwendungen für die verkauften Erzeugnisse	

---

a) Ermitteln Sie den Verbrauch an Rohstoffen nach der indirekten Methode.   Aufgabe 32

Soll		Rohstoffe		Haben
Anfangsbestand	380.000,00	Schlussbestand		250.000,00
Verbindlichkeiten a. LL	70.000,00			
Bankguthaben	20.000,00			
Bankguthaben	8.000,00			

b) Wie lautet die Buchung?

Nr.	Text	Soll	Haben
	an		

Buchen auf Bestands- und Erfolgskonten

Aufgabe 33 Kreuzen Sie die richtige(n) Aussage(n) an.

Wie heißt der Abschlussbuchungssatz des Gewinn- und Verlustkontos bei Verlust?	
a)	Gewinn- und Verlustkonto an Schlussbilanzkonto	
b)	Gewinn- und Verlustkonto an Eigenkapital	
c)	Eigenkapital an Gewinn- und Verlustkonto	
d)	Gewinn- und Verlustkonto an Umsatzerlöse	

Aufgabe 34

1. Eröffnen Sie die Bestandskonten über das Eröffnungsbilanzkonto.
2. Bilden Sie zu den Geschäftsfällen die Buchungssätze.
3. Übertragen Sie die Buchungen ins Hauptbuch.
4. Schließen Sie die Erfolgskonten ab und ermitteln Sie den Gewinn bzw. den Verlust.
5. Schließen Sie die Bestandskonten über das Schlussbilanzkonto ab und bilden Sie die Schlussbilanz.

Aktiva	Eröffnungsbilanz		Passiva
I. **Anlagevermögen**		I. **Eigenkapital**	225.000,00
Betriebs- u. Geschäftsausstattung	70.000,00	II. **Fremdkapital**	
II. **Umlaufvermögen**		Darlehensschulden	22.000,00
Rohstoffe	55.000,00	Verbindlichkeiten a. LL	35.000,00
Forderungen a. LL	50.000,00		
Kassenbestand	3.000,00		
Postbankguthaben	24.000,00		
Bankguthaben	80.000,00		
	282.000,00		**282.000,00**

Geschäftsfälle	
1.	Lt. BA 312: Gutschrift für Miete	2.500,00 €
2.	Banklastschrift für Darlehenszinsen	800,00 €
3.	Kauf von Rohstoffen gegen Bankscheck	1.500,00 €
4.	ME 121: Entnahme von Rohstoffen	23.000,00 €
5.	Barkauf von Büromaterial	400,00 €
6.	Eingangsrechnung für den Kauf von Rohstoffen	14.500,00 €
7.	Postbanküberweisung für die Geschäftsmiete	1.600,00 €
8.	Lt. PA 29: Lastschrift für Telefonrechnung	200,00 €
9.	AR für eigene Erzeugnisse	35.000,00 €

AR = Ausgangsrechnung   BA = Bankauszug   KB = Kassenbeleg   ME = Materialentnahmeschein

Eröffnungsbuchungen			
Nr.	Text	Soll	Haben
a)			
	an		

Eröffnungsbuchungen

Nr.	Text	Soll	Haben
b)			
	an		
c)			
	an		
d)			
	an		
e)			
	an		
f)			
	an		
g)			
	an		
h)			
	an		
i)			
	an		

Laufende Buchungen

Nr.	Text	Soll	Haben
1.			
	an		
2.			
	an		
3.			
	an		

→

Laufende Buchungen

Nr.	Text	Soll	Haben
4.			
	an		
5.			
	an		
6.			
	an		
7.			
	an		
8.			
	an		
9.			
	an		

Soll	Eröffnungsbilanzkonto	Haben

Soll	Betriebs- und Geschäftsausstattung	Haben

© Winklers · Schmolke/Deitermann · Übungen zur Finanzbuchhaltung · 666332

Soll			Rohstoffe		Haben

Soll			Forderungen a. LL		Haben

Soll			Bankguthaben		Haben

Soll			Postbankguthaben		Haben

Soll			Kasse		Haben

Soll			Eigenkapital		Haben

$\longrightarrow$

Soll	Darlehensschulden	Haben

Soll	Verbindlichkeiten a. LL	Haben

Soll	Umsatzerlöse für eigene Erzeugnisse	Haben

Soll	Miet- und Pachterlöse	Haben

Soll	Aufwendungen für Rohstoffe	Haben

Soll	Mietaufwendungen	Haben

Soll	Aufwendungen für Büromaterial	Haben

Soll	Kosten der Telekommunikation	Haben

© Winklers · Schmolke/Deitermann · Übungen zur Finanzbuchhaltung · 666334

Soll			Zinsaufwendungen			Haben

Soll			Gewinn- und Verlustkonto			Haben

Soll			Schlussbilanzkonto			Haben

Abschlussbuchungen (Gewinn- und Verlustkonto)

Nr.	Text	Soll	Haben
10.			
	an		
11.			
	an		
12.			
	an		

Abschlussbuchungen (Gewinn- und Verlustkonto)

Nr.	Text	Soll	Haben
13.			
	an		
14.			
	an		
15.			
	an		
16.			
	an		
17.			
	an		

Abschlussbuchungen

Nr.	Text	Soll	Haben
j)			
	an		
k)			
	an		
l)			
	an		
m)			
	an		
n)			
	an		
o)			
	an		

Abschlussbuchungen

Nr.	Text	Soll	Haben
p)			
	an		
q)			
	an		
r)			
	an		

Aktiva		Schlussbilanz		Passiva

Kreuzen Sie die richtige(n) Aussage(n) an.   Aufgabe 35

In der doppelten Buchführung unterscheidet man den Bestandskontenkreis und den Erfolgskontenkreis.	
a)	Der Bestandskontenkreis schließt mit der Schlussbilanz ab.	
b)	Der Bestandskontenkreis und der Erfolgskontenkreis sind über das Gewinn- und Verlustkonto miteinander verbunden.	
c)	Das Gewinn- und Verlustkonto ist das Abschlusskonto im Erfolgskontenkreis.	
d)	Im Gewinn- und Verlustkonto wird der Erfolg nach Aufwands- und Erfolgsarten genau nachgewiesen.	

Einführung in die Abschreibung der Sachanlagen

Aufgabe 36 Kreuzen Sie die richtige(n) Aussage(n) an.

Wie nennen wir den Verzehr des Anlagevermögens im Industriebetrieb?	
a)	Abschreibungen	
b)	AfA = Absetzung für Abnutzung des Anlagevermögens	
c)	Instandhaltung von Betriebsvermögen	
d)	Vermögensverzehr	

Aufgabe 37
1. Vervollständigen Sie die beigefügte Tabelle. (Beachten Sie die gesetzlichen Vorschriften.)
2. Buchen Sie für das erste Jahr den linearen Abschreibungsbetrag.
3. Buchen Sie für das erste Jahr den degressiven Abschreibungsbetrag.

Anlagegegenstand:	Produktionsmaschine	
Anschaffungskosten: (Anschaffungsjahr: 2010)	265.000,00 €	
Nutzungsdauer in Jahren:	10	
Abschreibungsmethoden:	linear	degressiv
jährlicher AfA-Satz:	10 %	25 %
jährlicher AfA-Betrag:		
Anschaffungskosten:		
AfA für das 1. Jahr		
Buchwert:		
AfA für das 2. Jahr		
Buchwert:		
AfA für das 3. Jahr		
Buchwert:		
AfA für das 4. Jahr		
Buchwert:		

AfA für das 5. Jahr		
Buchwert:		
AfA für das 6. Jahr		
Buchwert:		
AfA für das 7. Jahr		
Buchwert:		
AfA für das 8. Jahr		
Buchwert:		
AfA für das 9. Jahr		
Buchwert:		
AfA für das 10. Jahr		
Buchwert:		

(Aufgabenteile 2 und 3)

Nr.	Text	Soll	Haben
Buchungen der Abschreibungen für das erste Jahr (Nr. 1 = linear; Nr. 2 = degressiv)			
1.			
	an		
2.			
	an		

Gewinn- und Verlustrechnung mit Bestandsveränderungen

Aufgabe 38

a) Ermitteln Sie aus der folgenden Grafik die Bestände der unfertigen und fertigen Erzeugnisse zum 1. Januar und zum 31. Dezember.

b) Führen Sie die unten aufgeführten Konten und schließen Sie diese unter Angabe der Buchungssätze ab.

c) Ermitteln Sie den Erfolg des Unternehmens, wenn die Umsatzerlöse 520.000,00 € und die Aufwendungen 400.000,00 € betragen.

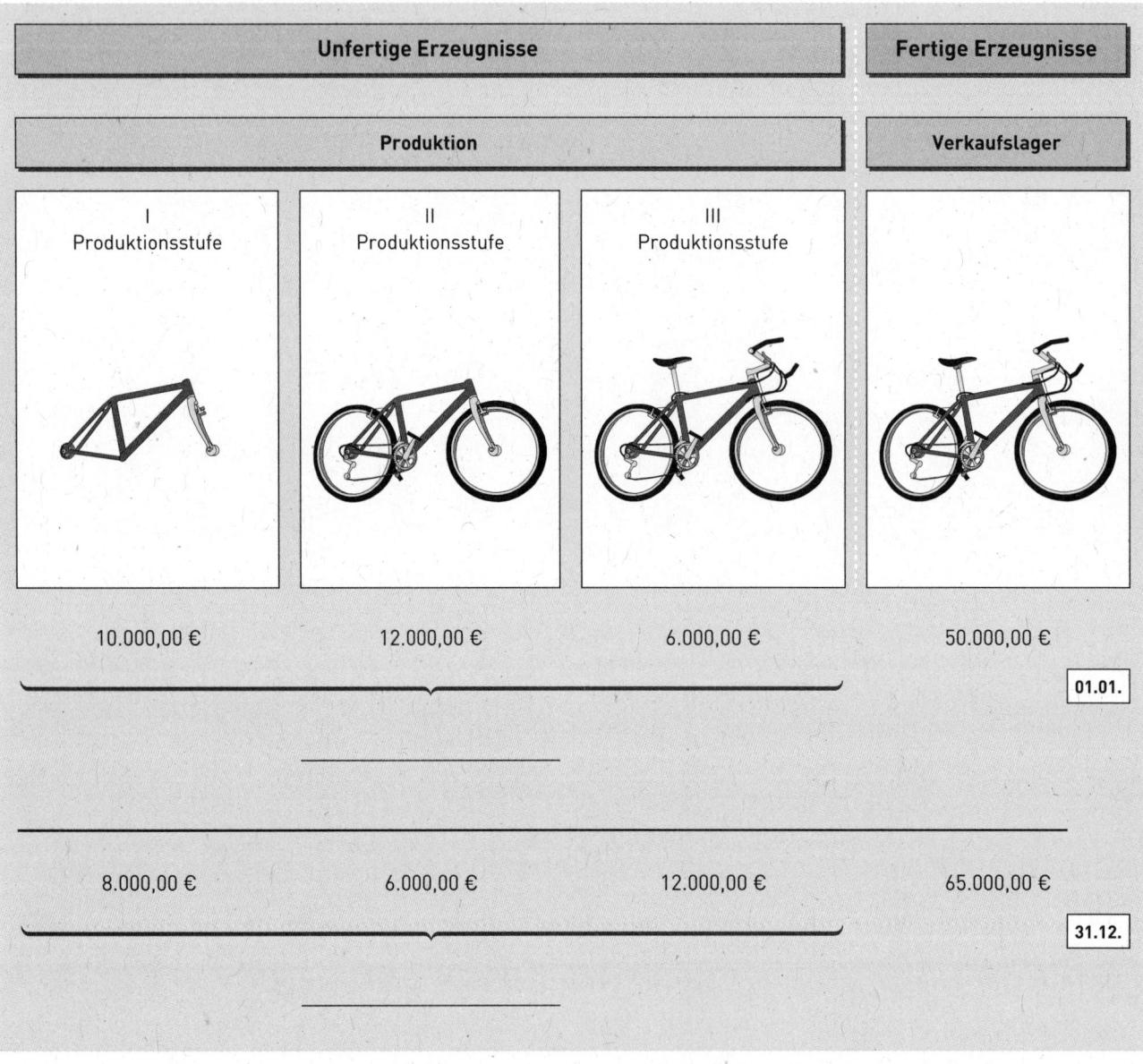

Soll			Fertige Erzeugnisse		Haben

Soll			Unfertige Erzeugnisse			Haben

Soll			Bestandsveränderungen			Haben

Soll			Gewinn- und Verlustkonto			Haben

Soll			Schlussbilanzkonto			Haben

Vorbereitende Abschlussbuchungen und Abschlussbuchungen

Nr.	Text	Soll	Haben
1.			
	an		
2.			
	an		
3.			
	an		
4.			
	an		
5.			
	an		

Aufgabe 39 Kreuzen Sie die richtige(n) Aussage(n) an.

Wie ist es möglich, dass in einem Abrechnungszeitraum mehr fertige Erzeugnisse verkauft als produziert worden sind?	
a)	Unfertige Erzeugnisse wurden zwischenzeitlich fertiggestellt.	
b)	Fertige Erzeugnisse des vorhergehenden Abrechnungszeitraums, die noch im Lager für fertige Erzeugnisse vorhanden waren, wurden zusätzlich verkauft.	
c)	Zusätzlich angeschaffte, fertige fremde Erzeugnisse wurden verkauft.	
d)	Es liegen Buchungsfehler auf dem Konto „Umsatzerlöse" sowie dem Gewinn- und Verlustkonto vor.	

Aufgabe 40 Kreuzen Sie die richtige(n) Aussage(n) an.

Wann liegt eine Bestandsmehrung an fertigen Erzeugnissen vor?	
a)	Wenn mehr fertige Erzeugnisse produziert als verkauft wurden.	
b)	Wenn mehr fertige Erzeugnisse verkauft als produziert wurden.	
c)	Wenn die Absatzmenge größer als die produzierte Menge ist.	
d)	Wenn die Produktion an unfertigen Erzeugnissen größer als die der fertigen Erzeugnisse war.	

Aufgabe 41 Kreuzen Sie die richtige(n) Aussage(n) an.

Warum muss der Mehrbestand an fertigen und unfertigen Erzeugnissen auf dem Gewinn- und Verlustkonto ausgewiesen werden?	
a)	Der Mehrbestand stellt zusätzliche Erträge dar, die den gesamten Aufwendungen gegenübergestellt werden müssen.	
b)	Weil der Mehrbestand in den Umsatzerlösen enthalten ist.	
c)	Weil der Mehrbestand aus früheren Abrechnungszeiträumen stammt.	
d)	Weil sich die Mehrbestände auf die hergestellten, aber nicht auf die abgesetzten Mengen der Erzeugnisse beziehen.	

Aufgabe 42 Kreuzen Sie die richtige(n) Aussage(n) an.

Warum erscheint der Minderbestand an fertigen Erzeugnissen auf der Sollseite des Gewinn- und Verlustkontos?	
a)	Die im Vorjahr hergestellten Erzeugnisse wurden in diesem Jahr verkauft. Sie sind in den Umsatzerlösen auf der Habenseite bereits enthalten.	
b)	Weil den verkauften Erzeugnissen aus dem Lagerbestand deren Aufwendungen im Soll gegenübergestellt werden.	
c)	Weil der Minderbestand aus weniger erzeugten Leistungen besteht, die auf der Sollseite gebucht werden müssen.	
d)	Weil der Minderbestand im Schlussbilanzkonto auf der Habenseite steht.	

Umsatzsteuer beim Ein- und Verkauf

Kreuzen Sie die richtige(n) Aussage(n) an.

Aufgabe 43

Was versteht man unter „Mehrwert" im betriebswirtschaftlichen Sinne?	
a)	die Kosten auf jeder Stufe des Warenweges	
b)	die Differenz zwischen Netto- und Bruttowarenwert	
c)	den Unterschied zwischen Verkaufs- und Einkaufspreis der Ware je Stufe des Warenweges	
d)	die Differenz zwischen Gebrauchswert und Marktwert des Wirtschaftsgutes	

Kreuzen Sie die richtige(n) Aussage(n) an.

Aufgabe 44

Was bedeutet der Begriff „Zahllast"?	
a)	die Umsatzsteuer für die erzielten Umsatzerlöse	
b)	die an den Lieferer gezahlte Umsatzsteuer	
c)	die Differenz zwischen ermittelter Umsatzsteuerschuld und Vorsteuer	
d)	die vom Kunden an uns gezahlte Umsatzsteuer	

Kreuzen Sie die richtige(n) Aussage(n) an.

Aufgabe 45

Was ist unter dem Begriff „Vorsteuer" zu verstehen?	
a)	die Umsatzsteuer auf den Eingangsrechnungen	
b)	eine Verbindlichkeit gegenüber dem Finanzamt	
c)	der auf Ausgangsrechnungen ausgewiesene Umsatzsteuerbetrag	
d)	eine Forderung gegenüber dem Finanzamt	

Buchen Sie die folgenden Geschäftsfälle, indem Sie die Kennziffern der richtigen Konten – getrennt nach Soll und Haben – in die Lösungskästchen eintragen.

Aufgabe 46

(1)	Guthaben bei Kreditinstituten (Bank)	(8)	Aufwendungen für Büromaterial
(2)	Kasse	(9)	Kosten der Telekommunikation
(3)	Forderungen aus Lieferungen und Leistungen	(10)	Portokosten
(4)	Verbindlichkeiten aus Lieferungen und Leistungen	(11)	Fremdinstandhaltung
(5)	Rohstoffe	(12)	Verbindlichkeiten gegenüber Finanzbehörden
(6)	Umsatzerlöse für eigene Erzeugnisse	(13)	Betriebs- und Geschäftsausstattung
(7)	Vorsteuer	(14)	Umsatzsteuer

→

a)	Einkauf von Rohstoffen auf Ziel, netto	Soll	5, 7	Haben	4	
b)	Verkauf von eigenen Erzeugnissen auf Ziel, netto	Soll		Haben		
c)	Barkauf von Büromaterial, netto	Soll		Haben		
d)	Eingangsrechnung für die Wartung einer Produktionsmaschine, netto	Soll		Haben		
e)	Barkauf von Postwertzeichen	Soll		Haben		
f)	Ermittlung der Umsatzsteuerzahllast	Soll		Haben		
g)	Banküberweisung der Zahllast an das Finanzamt	Soll		Haben		
h)	Abbuchung der Telefonrechnung	Soll		Haben		

Aufgabe 47

Zum 31. Dezember weisen die Konten „Vorsteuer" und „Umsatzsteuer" folgende Beträge aus
Schließen Sie die Konten ab und nehmen Sie die erforderlichen Einträge im Grundbuch vor.

Soll	Vorsteuer		Haben
...	42.000,00		

Soll	Umsatzsteuer		Haben
...	25.000,00	...	165.000,00

Soll	Schlussbilanzkonto		Haben

Vorbereitende Abschlussbuchungen und Abschlussbuchungen			
Nr.	Text	Soll	Haben
1.			
	an		
2.			
	an		

© Winklers · Schmolke/Deitermann · Übungen zur Finanzbuchhaltung · 666344

Privatentnahmen und Privateinlagen

Vervollständigen Sie die nachstehenden Aussagen:

Aufgabe 48

a) Das Privatkonto wird im Wesentlichen in zwei Rechtsformen geführt, und zwar in der

_____ und in der _____.

b) Sämtliche privat verursachten Geschäftsfälle verändern das _____.

Kreuzen Sie die richtige(n) Aussage(n) an.

Aufgabe 49

Was versteht man unter Privatentnahmen?	
a)	Betriebliche Aufwendungen	☐
b)	Kapitalminderungen	☐
c)	Vorweggenommener Gewinn	☐
d)	Unternehmerlohn	☐

Kreuzen Sie die richtige(n) Aussage(n) an.

Aufgabe 50

Was zählt nicht zur Entnahme von Gegenständen und Leistungen durch den Unternehmer?	
a)	die Entnahme von Gegenständen für Privatzwecke	☐
b)	die private Verwendung (Nutzung) von Betriebsgegenständen	☐
c)	die Inanspruchnahme von Dienstleistungen des Betriebes für Privatzwecke	☐
d)	die Entnahme von Bargeld für private Zwecke	☐

Kreuzen Sie die richtige(n) Aussage(n) an.

Aufgabe 51

Welche Folgen haben Privatentnahmen, die den Gesamtgewinn übersteigen?	
a)	Das Eigenkapital vermindert sich.	☐
b)	Der Gewinn wird vermindert.	☐
c)	Die betrieblichen Aufwendungen werden erhöht.	☐
d)	Das Eigenkapital wird davon nicht berührt.	☐

Kreuzen Sie die richtige(n) Aussage(n) an.

Aufgabe 52

Welche Geschäftsfälle sind über das Privatkonto zu buchen?	
a)	unsere Gehaltszahlung an die Haushaltshilfe	☐
b)	unsere Zahlung für Geschäftsmiete	☐
c)	Banküberweisung für die Lebensversicherung des Geschäftinhabers	☐
d)	Zahlung der Weihnachtsgratifikation für die Arbeitnehmer des Betriebes	☐

Aufgabe 53

Buchen Sie die folgenden Geschäftsfälle, indem Sie die Kennziffern der richtigen Konten – getrennt nach Soll und Haben – in das jeweilige Lösungskästchen eintragen.

(1)	Guthaben bei Kreditinstituten (Bank)	(7)	Mietaufwendungen
(2)	Kasse	(8)	Kosten der Telekommunikation
(3)	Privat	(9)	Grundstücke und Bauten
(4)	Verbindlichkeiten aus Lieferungen und Leistungen	(10)	Fremdinstandhaltung
(5)	Entnahme von Gegenständen und sonstigen Leistungen	(11)	Vorsteuer
(6)	Umsatzerlöse für eigene Erzeugnisse	(12)	Umsatzsteuer

		Soll	Haben
a)	Ein Fabrikant entnimmt seinem Geschäft eigene Erzeugnisse für private Zwecke.	3	5, 12
b)	Ein Inhaber zahlt aus seinem Privatvermögen Geld in die Kasse ein.		
c)	Wir tätigen eine Banküberweisung der Miete für das Geschäft und für die Privatwohnung.		
d)	Es erfolgt eine Reparatur der Waschmaschine im Privathaus des Inhabers durch Handwerker des Betriebes.		
e)	Ein Inhaber überschreibt seine Lagerhalle dem Betriebsvermögen.		

Aufgabe 54

Führen Sie für die folgenden Geschäftsfälle das Grundbuch.

Geschäftsfälle	
1. Zieleinkauf von Rohstoffen lt. ER 22-29, netto	9.600,00 €
2. Entnahme von Werkstoffen: ME 1: Rohstoffe	32.000,00 €
ME 2: Betriebsstoffe	2.500,00 €
3. Barkauf von Büromaterial lt. KB 5, Nettopreis	260,00 €
4. BA 1: Überweisung der Urlaubsreise des Inhabers	8.500,00 €
5. BA 2: Überweisung für ER für Werbeanzeigen	800,00 €
6. Zielverkäufe von eigenen Erzeugnissen lt. AR 35-40, netto	25.000,00 €
7. Barzahlung für Maschinenreparatur lt. KB 6, Nettopreis	700,00 €
8. Hilfsstoffverbrauch lt. Materialentnahmeschein ME 3	6.200,00 €
9. Zieleinkauf von Betriebsstoffen lt. ER 30-34, netto	4.500,00 €
10. BA 3: Ausgleich eines Debitors	18.100,00 €
11. Zielverkäufe von eigenen Erzeugnissen lt. AR 41-48, brutto	79.730,00 €
12. KB 7: Kauf von Postwertzeichen, bar	550,00 €
13. Verkauf von fertigen Erzeugnissen gegen Bankscheck, brutto	71.400,00 €
14. Finanzierungskauf eines Geschäftswagens durch Aufnahme eines Darlehens, brutto	30.345,00 €
15. Inhaber entnimmt eigene Erzeugnisse, Herstellwert	1.260,00 €
16. Von dem gekauften Büromaterial (Geschäftsfall Nr. 3) ist einiges für den Privathaushalt des Inhabers entnommen worden im Nettowert von	60,00 €

Grundbuch			
Nr.	Text	*Soll*	*Haben*
1.			
	an		

Grundbuch			
Nr.	Text	*Soll*	*Haben*
2.			
	an		
	an		
3.			
	an		
4.			
	an		
5.			
	an		
6.			
	an		
	an		
7.			
	an		
8.			
	an		
9.			
	an		
10.			
	an		

→

Grundbuch			
Nr.	Text	Soll	Haben
11.			
	an		
	an		
12.			
	an		
13.			
	an		
	an		
14.			
	an		
15.			
	an		
	an		
16.			
	an		
	an		

Aufgabe 55   **Kreuzen Sie die richtige(n) Aussage(n) an.**

a)	Das Privatkonto ist in einer GmbH notwendig, um die privaten Vorgänge des Geschäftsführers von den betrieblichen Vorgängen zu trennen.	☐
b)	Unentgeltliche Entnahmen von Gegenständen haben keinen Einfluss auf das Eigenkapital.	☐
c)	Für die private Geldentnahme aus der Geschäftskasse muss der Inhaber einen Eigenbeleg ausstellen.	☐
d)	Unentgeltliche Entnahmen von Gegenständen durch den Inhaber sind umsatzsteuerlich wie Verkäufe zu behandeln.	☐

© Winklers · Schmolke/Deitermann · Übungen zur Finanzbuchhaltung · 666348

Organisation der Buchführung

Kreuzen Sie die richtige(n) Aussage(n) an.

Welche Aufgaben erfüllt der Industriekontenrahmen (IKR)?

a)	Gliederung aller Kontenklassen nach Aktiv- und Passivkonten .	
b)	Zum Zwecke der Zeit- und Betriebsvergleiche innerhalb der Industrie gliedert er alle Konten in 10 Kontenklassen auf.	
c)	Er schafft einheitliche Benennungen der Konten und systematische Gliederung für alle Konten der 10 Kontenklassen.	
d)	Aufgrund des Aktiengesetzes schafft er einheitliche Kontenarten für alle Industriezweige.	

Kreuzen Sie die richtige(n) Aussage(n) an.

Nach welchem Gliederungsprinzip ist der IKR aufgebaut?

a)	nach dem Abschlussgliederungsprinzip	
b)	nach dem Prozessgliederungsprinzip	
c)	nach dem Gliederungsprinzip, das das HGB im § 266 vorschreibt	
d)	nach den Grundsätzen ordnungsmäßiger Buchführung	

Kreuzen Sie die richtige(n) Aussage(n) an.

Was bedeuten Kontenklassen, -gruppen, -arten und -unterarten?

a)	Kontenklassen und -gruppen sind gleichartige Bezeichnungen; Kontenarten werden in Kontenunterarten untergliedert.	
b)	Der Kontenrahmen hat 10 Kontenklassen, jede Kontenklasse hat 10 Kontengruppen, jede Kontengruppe hat 10 Kontenarten, jede Kontenart hat 10 Kontenunterarten.	
c)	Der Kontenrahmen hat 10 Kontenklassen und 10 Kontengruppen, die in gleichartige Kontenarten und -unterarten aufgegliedert werden können.	
d)	Der Kontenrahmen hat 10 Kontenklassen oder -gruppen und je 10 Kontenarten oder -unterarten.	

Kreuzen Sie die richtige(n) Aussage(n) an.

Worin unterscheidet sich der Kontenrahmen vom Kontenplan?

a)	Beide haben den gleichen Inhalt.	
b)	„Kontenplan" ist der übergeordnete Begriff zum Kontenrahmen.	
c)	Jede Unternehmung entwickelt ihren eigenen Kontenplan aus dem Kontenrahmen.	
d)	Der Kontenrahmen enthält nur die notwendigen Konten eines Unternehmens aus dem Kontenplan.	

Aufgabe 60

Kreuzen Sie die richtige(n) Aussage(n) an.

Gliedern Sie den IKR nach Bestands- und Erfolgskonten auf.	
a) Die Klassen 0, 1, 2, 3 und 4 enthalten Bestandskonten, alle übrigen Klassen Erfolgskonten.	
b) Die Klassen 0, 1, 2, 3, und 4 enthalten Bestandskonten, die Klassen 5, 6 und 7 Erfolgskonten.	
c) Die Klassen 0, 1 und 3 enthalten Bestandskonten, die Klassen 2, 4, 7, 8 und 9 enthalten Erfolgskonten.	
d) Die Klassen 0 bis 3 enthalten Bestandskonten, die Klassen 4 bis 9 enthalten Erfolgskonten.	

Aufgabe 61

Kreuzen Sie die richtige(n) Aussage(n) an.

Zu welchen Kontenarten zählen die Konten der Klasse 8?	
a) zu den Eröffnungs- und Abschlusskonten	
b) zu den passiven Bestandskonten	
c) zu den aktiven Bestandskonten	
d) zu den Erfolgskonten	

Aufgabe 62

Kreuzen Sie die richtige(n) Aussage(n) an.

Was wird in der Kontenklasse 2 gebucht?	
a) Umlaufvermögen	
b) Werkstoffe und Bestände	
c) Aufwendungen	
d) Erträge	

Aufgabe 63

Kreuzen Sie die richtige(n) Aussage(n) an.

Welche der folgenden Erträge sind Erträge aus der eigentlichen betrieblichen Tätigkeit?	
a) 5081 Miet- und Pachterlöse	
b) 5710 Zinserträge	
c) 5200 Mehrbestand an fertigen Erzeugnissen	
d) 5460 Erträge aus Anlageverkäufen (Gewinne)	

Aufgabe 64

Kreuzen Sie die richtige(n) Aussage(n) an.

In welcher Kontenklasse werden die Eigenleistungen bei der Aktivierung erfasst?	
a) Kontenklasse 9	
b) Kontenklasse 0	
c) Kontenklasse 1	
d) Kontenklasse 5	

Kreuzen Sie die richtige(n) Aussage(n) an.   **Aufgabe 65**

Welche Kontenklassen sind am Unternehmensergebnis beteiligt?	
a)	1, 2 und 4	
b)	5, 6 und 7	
c)	2, 3 und 4	
d)	5, 6 und 8	

Kreuzen Sie die richtige(n) Aussage(n) an.   **Aufgabe 66**

Wie heißt die Abschlussbuchung für die Konten der Klasse 6?	
a)	Konten der Klasse 6 an Konto 8010	
b)	Konto 8020 an Konten der Klasse 6	
c)	Konto 8010 an Konten der Klasse 6	
d)	Konten der Klasse 6 an Konto 8020	

In welcher Kontenklasse stehen folgende Konten?   **Aufgabe 67**

Nr.	Konto	Konten-klasse
a)	unser Bankkonto bei der Deutschen Bank	
b)	unser Privatkonto	
c)	Vorsteuer	
d)	Schlussbilanzkonto	
e)	Gewerbesteuer	
f)	Vertriebsprovisionen	
g)	Hypothekenschulden	
h)	Fabrikgebäude	
i)	Kundenforderungen	
j)	Bestandsveränderungen bei fertigen und unfertigen Erzeugnissen	

Überprüfen Sie, ob die nachfolgenden Aussagen richtig (r) oder falsch (f) sind.   **Aufgabe 68**

a)	Im Industriekontenrahmen wird eine klare Trennung zwischen Finanzbuchhaltung und Kosten- und Leistungsrechnung vorgenommen.	
b)	Finanzbuchhaltung sowie Kosten- und Leistungsrechnung bilden jeweils einen selbstständigen und in sich geschlossenen Rechnungskreis.	
c)	Der Rechnungskreis I umfasst die Kontenklassen 0 bis 7 und dient der Finanzbuchhaltung; er ist nach dem Prozessgliederungsprinzip aufgebaut.	
d)	Die Kontenklasse 9 bildet den Rechnungskreis II. Sie dient der kontenmäßigen Erfassung der Kosten- und Leistungsrechnung.	

→

e)	In der Praxis wird die Kosten- und Leistungsrechnung zumeist statistisch bzw. tabellarisch mithilfe des Betriebsabrechnungsbogens durchgeführt.	
f)	Der Industriekontenrahmen (IKR) ist den Industriebetrieben durch den Bundesverband der deutschen Industrie (BDI) nicht nur empfohlen worden, sondern durch gesetzliche Vorschrift verbindlich gemacht.	
g)	Im Rechnungskreis I werden nur betriebliche Aufwendungen und Erträge erfasst.	
h)	Die Gewinn- und Verlustrechnung ist nach § 242 HGB ausdrücklich ein Bestandteil des Jahresabschlusses. Damit ist klargestellt, dass ein Kaufmann sein Jahresergebnis nicht durch bloßen Vermögensbestandsvergleich ermitteln darf (Ausnahme: § 241 a HGB).	

Aufgabe 69

Welche der folgenden Aussagen sind richtig?

a)	Quittungsdurchschriften sind Fremdbelege.	
b)	Ein Grundsatz ordnungsmäßiger Buchführung lautet: „Keine Buchung ohne Beleg".	
c)	Gebuchte Belege sind zehn Jahre aufzubewahren.	
d)	Die Belegaufbewahrung durch Mikrofilme ist nicht zulässig.	
e)	Die Bearbeitung der Belege erfolgt in den Stufen: Vorbereitung – Buchung – Ablage.	
f)	Verloren gegangene Belege dürfen nicht durch Notbelege ersetzt werden.	

Aufgabe 70

Kreuzen Sie die richtige(n) Aussage(n) an.

Das Hauptbuch ist gegliedert ...	
a)	nach Sachkonten.	
b)	nach dem zeitlichen Anfall der Belege.	
c)	nach Sach- und Personenkonten.	
d)	nach Personenkonten in Debitoren und Kreditoren.	

Aufgabe 71

Kreuzen Sie die richtige(n) Aussage(n) an.

Was sind Stammdaten?	
a)	langfristig gleich bleibende Daten	
b)	sich häufig ändernde Daten	
c)	Daten, die nur bei Kunden- und Lieferantenkonten anfallen	
d)	alle Daten, die bei Änderungen im Anlagevermögen anfallen	

Aufgabe 72

Kreuzen Sie die richtige(n) Aussage(n) an.

Nebenbücher sind ...	
a)	das Belegbuch.	
b)	Grund- und Hauptbuch.	
c)	Lagerkartei und Anlagenkartei.	
d)	Haupt- und Lagerbuch.	

© Winklers · Schmolke/Deitermann · Übungen zur Finanzbuchhaltung · 666352

Beschaffungs- und Absatzbereich

Vervollständigen Sie die nachstehenden Aussagen.

Aufgabe 73

Laut § 255 Abs. I HGB setzen sich die aktivierungspflichtigen Anschaffungskosten wie folgt zusammen:

1.		_____
2.	−	Anschaffungspreisminderungen
3.		_____
	=	Anschaffungskosten

zu 1: Dieser wird berechnet, indem man vom Listenpreis die eventuell gewährten

_____ subtrahiert.

zu 2: Hierzu zählen alle nachträglich _____, wie z. B.

_____, _____ und Nachlässe aufgrund von _____.

zu 3: Dies ist begründet durch die gesetzliche Regelung: Warenschulden sind _____.

Neben dem Kaufpreis fallen oftmals noch _____ an; man unterscheidet

zwischen Gewichtsspesen und _____.

Kreuzen Sie die richtige(n) Aussage(n) an.

Aufgabe 74

Welche unten stehenden Kosten sind Bezugskosten?	
a)	Eingangsfrachten	
b)	vom Lieferer berechnete Verpackungskosten	
c)	Einfuhrzölle	
d)	Verkaufsprovision	

Am 1. August erhalten Sie eine Eingangsrechnung für Rohstoffe über 45.000,00 € netto. Die Rechnung ist zahlbar innerhalb von 10 Tagen mit 3 % Skonto oder in 30 Tagen ohne Abzug.

Aufgabe 75

a) **Berechnen Sie den effektiven Jahreszinssatz ohne den tatsächlichen Zahlungsbetrag und den Skontoabzugsbetrag.**

b) **Berechnen Sie den effektiven Jahreszinssatz mithilfe des tatsächlichen Zahlungsbetrages und des Skontoabzugsbetrages.**

→

c) Buchen Sie den Rechnungseingang.

d) Buchen Sie den Rechnungsausgleich durch Banküberweisung am 5. August (Nettobuchung).

e) Buchen Sie den Rechnungsausgleich durch Banküberweisung am 5. August (Bruttobuchung).

f) Buchen Sie den Rechnungsausgleich durch Banküberweisung am 25. August.

a)	Zinssatz	=	_____	=	_____	=	%
b)	Zinssatz	=	_____	=	_____	=	%
			(Formel)		(Berechnung)		

Buchungen

Nr.	Text	Konto-Nr.	Soll	Haben
c)	Rohstoffe	2000	45.000,00	
	Vorsteuer	2600		
	an	4400		
d1)				
	an			
	an			
	an			
d2)				
	an			
e1)				
	an			
	an			
e2)				
	an			
e3)				
	an			
f)				
	an			

Kreuzen Sie die richtige(n) Aussage(n) an.

Warum ist bei Preisnachlässen des Lieferers das Vorsteuerkonto zu berichtigen?	
a) Weil sich der Nettopreis als Bemessungsgrundlage für die Vorsteuer ändert.	
b) Weil sich die Vorsteuer ändert, aber die Werkstoffkonten unverändert bleiben.	
c) Weil die Abrechnung der Vorsteuer über die Mehrwertsteuer erfolgt.	
d) Weil das Vorsteuerkonto ein Unterkonto des Kontos „Umsatzsteuer" ist.	

Führen Sie für die folgenden Geschäftsfälle das Grundbuch.

Geschäftsfälle		
1. Kauf von Handelswaren laut Eingangsrechnungen, netto (aufwandsorientierte Buchung)		25.700,00 €
2. Eingangsfrachten hierauf, bar, netto		400,00 €
3. Zielverkauf von Handelswaren, netto		15.400,00 €
4. Banküberweisung der Fertigungslöhne		5.250,00 €
5. Barzahlung an den Monteur für Wartungsarbeiten, netto		600,00 €
6. Materialentnahme von	Rohstoffen	12.500,00 €
	Hilfsstoffen	4.000,00 €
7. Zielverkauf von eigenen Erzeugnissen, netto		64.700,00 €
8. Barkauf von Büromaterial, netto		700,00 €
9. Rücksendung beschädigter Rohstoffe an den Lieferer, brutto		595,00 €
10. Ein Rohstofflieferant gewährt uns einen Bonus im Bruttowert von		1.190,00 €
11. Ein Kunde begleicht eine Rechnung durch Überweisung auf unser Bankkonto.		2.380,00 €
12. Zahlung der Geschäftsmiete durch Banküberweisung		2.800,00 €
13. Privatentnahmen:	in bar	650,00 €
	von fertigen Erzeugnissen, netto	1.500,00 €
14. Eingangsrechnung weist brutto folgende Daten aus:		
10 t Stahl, je t		2.380,00 €
3 t Benzin, je t		3.570,00 €
1 t Stahlnägel, je 100 kg		1.190,00 €
Anlieferungskosten:	Frachtkosten	3.332,00 €
	Versicherungskosten	2.320,50 €

Zur Berechnung der Bezugspreise (Geschäftsfall Nr. 14.) steht Ihnen die folgende Arbeitshilfe zur Verfügung:

Gewichtsspesen				
Gewichtsspesen je t:	$\dfrac{\text{Frachtkosten}}{\text{Gesamtgewicht}}$	_____ =		€ je t
Artikel	**Gewicht**	**Gewichtsspesen je t**		**Frachtkosten**
Stahl				
Benzin				
Stahlnägel				

(Fortsetzung von Aufgabe 77)

Wertspesen

Wertspesen je €:	$\dfrac{}{\text{Gesamteinkaufspreis}}$	$\dfrac{}{}$ =	€ je €
Artikel	**Einkaufspreis**	**Wertspesen je 1,00 €**	**Versicherungskosten**
Stahl			
Benzin			
Stahlnägel			

Bezugs-kalkulation	Stahl		Benzin		Stahlnägel	
	brutto	netto	brutto	netto	brutto	netto
Einkaufspreis						
Frachtkosten						
Versicherungs-kosten						
Bezugskosten						
Bezugspreis						

Grundbuch

Nr.	Text	Konto-Nr.	Soll	Haben
1.		6080	25.700,00	
		2600	4.883,00	
	an			
2.				
	an			
3.				
	an			
	an			

Grundbuch				
Nr.	Text	Konto-Nr.	Soll	Haben
4.				
	an			
5.				
	an			
6.				
	an			
	an			
7.				
	an			
	an			
8.				
	an			
9.				
	an			
	an			
10.				
	an			
	an			
11.				
	an			

→

Grundbuch				
Nr.	Text	Konto-Nr.	Soll	Haben
12.				
	an			
13.				
	an			
	an			
	an			
14.				
	an			

Aufgabe 78

a) **Ergänzen Sie die folgenden Aussagen.**

Für den Einkauf und den Verbrauch von Werkstoffen stehen den Industriebetrieben zwei verschiedene Buchungsverfahren zur Verfügung:

1. Eine _____ Buchung des Werkstoffeinkaufs und des Werkstoffverbrauchs liegt vor, wenn die eingekauften Werkstoffe zunächst im Eingangslager verbleiben und erst bei Bedarf an die Produktion gegeben werden.

2. Eine _____ Buchung des Werkstoffeinkaufs und des Werkstoffverbrauchs liegt vor, wenn die eingekauften Werkstoffe direkt an die Produktion gegeben werden, d. h., sie werden dann sofort verarbeitet (bzw. verbraucht).

Diese Art der Produktion bezeichnet man als _____.

© Winklers · Schmolke/Deitermann · Übungen zur Finanzbuchhaltung · 666358

b) Wie lauten die Buchungen zum grafisch dargestellten Werkstoffeinkauf?

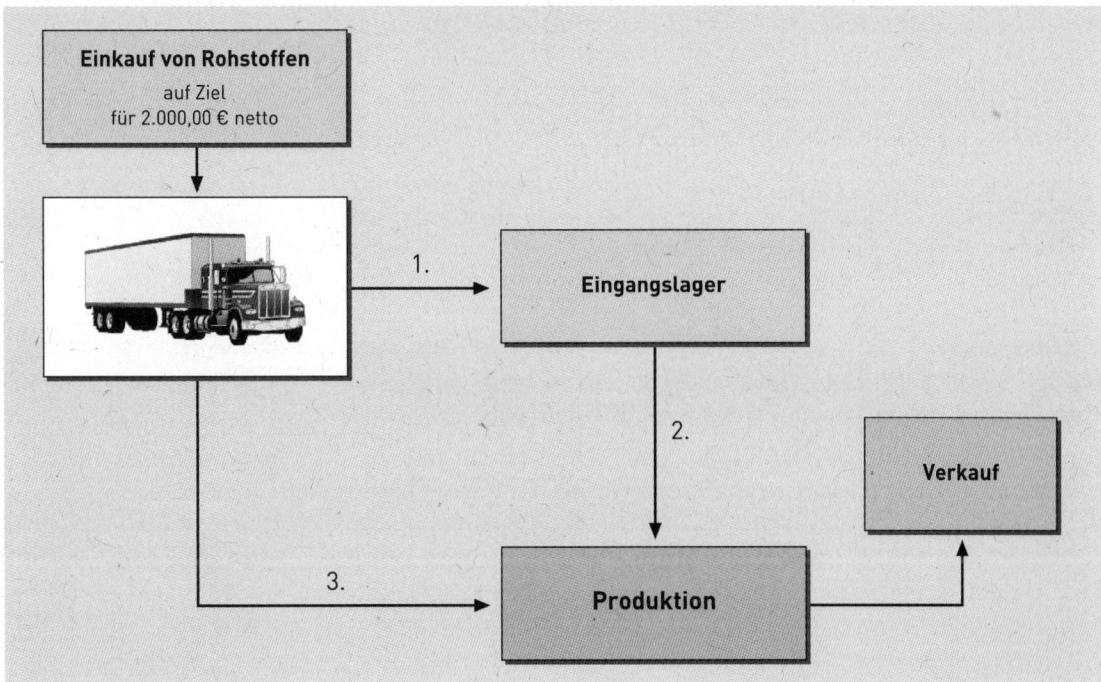

Laufende Buchungen				
Nr.	**Text**	**Konto-Nr.**	*Soll*	*Haben*
1.				
	an			
2.				
	an			
3.				
	an			

Kreuzen Sie die richtige(n) Aussage(n) an.   **Aufgabe 79**

Welche Konten werden beim bestandsorientierten Einkauf von Werkstoffen mit Bezugskosten belastet, wenn kein besonderes Bezugskostenkonto im Kontenplan dafür vorgesehen ist?	
a)	Konto Sonstige Aufwendungen	
b)	Konten Roh-, Hilfs- und Betriebsstoffe	
c)	Konten Aufwendungen für Roh-, Hilfs- und Betriebsstoffe	
d)	Konto Hilfsstoffe	

Aufgabe 80

Kreuzen Sie die richtige(n) Aussage(n) an.

Welchen Einfluss haben Rabatte und Boni beim Verkauf auf die Umsatzsteuer?	
a)	Sie mindern die Umsatzsteuer.	
b)	Sie haben keine Auswirkung auf die Umsatzsteuer.	
c)	Sie betreffen nur die Vorsteuer.	
d)	Sie erhöhen die Umsatzsteuer.	

Aufgabe 81

Buchen Sie die folgenden Geschäftsfälle, indem Sie die Kennziffern der richtigen Konten – getrennt nach Soll und Haben – in die Lösungskästchen eintragen.

Beachten Sie hierbei, dass die Erfassung der Werkstoffeinkäufe nach der Aufwandskontenmethode erfolgt und dass alle Nachlässe mithilfe des Nettoverfahrens zu buchen sind.

(1)	Forderungen aus Lieferungen und Leistungen	(8)	Nachlässe für Aufwendungen für Rohstoffe
(2)	Vorsteuer	(9)	Aufwendungen für Betriebsstoffe
(3)	Guthaben bei Kreditinstituten (Bank)	(10)	Nachlässe für Aufwendungen für Betriebsstoffe
(4)	Kasse	(11)	Frachten und Fremdlager
(5)	Verbindlichkeiten aus Lieferungen und Leistungen	(12)	Umsatzsteuer
(6)	Aufwendungen für Rohstoffe	(13)	Umsatzerlöse für eigene Erzeugnisse
(7)	Bezugskosten für Aufwendungen für Rohstoffe	(14)	Erlösberichtigungen für eigene Erzeugnisse

		Soll	Haben
a)	Eingangsrechnung für Rohstoffe zuzüglich Umsatzsteuer	Soll	Haben
b)	Ausgangsrechnung für eigene Erzeugnisse zuzüglich Umsatzsteuer	Soll	Haben
c)	Rücksendung von fehlerhaften Betriebsstoffen	Soll	Haben
d)	Einem Kunden wird wegen beanstandeter Erzeugnisse ein Preisnachlass gewährt.	Soll	Haben
e)	Ein Lieferant von Betriebsstoffen gewährt uns einen Bonus (Umsatzrabatt).	Soll	Haben
f)	Ausgangsrechnung für eigene Erzeugnisse zuzüglich verauslagter Frachtkosten, netto	Soll	Haben
g)	Eingangsrechnung vom Spediteur für Rohstofflieferung, zuzüglich Umsatzsteuer	Soll	Haben
h)	Zahlungseingang auf unserem Bankkonto für Ausgangsrechnung, abzüglich Skonto	Soll	Haben
i)	Barzahlung der Speditionsrechnung für den Transport unserer verkauften Erzeugnisse an unseren Kunden, zuzüglich Umsatzsteuer	Soll	Haben
j)	Wir erhalten fehlerhafte Waren vom Kunden zurück.	Soll	Haben
k)	Banküberweisung zum Ausgleich der Rohstoffrechnung, abzüglich 2 % Skonto	Soll	Haben

Sie sind in der Finanzbuchhaltung für die Debitorenbuchhaltung zuständig und sollen die Bonusvorgänge bearbeiten. Zu diesem Zweck liegt Ihnen die unten aufgeführte Tabelle vor.

Aufgabe 82

a) Berechnen Sie für den Kunden Fritz Meyer Fahrradgroßhandel e. K. den Nettoumsatzbonus für das laufende Jahr, wenn seine Nettoeinkaufswerte insgesamt mit einer Höhe von 480.000,00 € ausgewiesen werden.

Berechnungshinweise:

1.: Die Staffelung erfolgt in Teilschritten.

2.: Es erfolgt nie auf die ersten 100.000,00 € ein Bonus, sondern erst ab dieser Höhe.

Bonusgewährung für das laufende Jahr						
Nettoeinkaufswerte			Bonus in %	Differenzbetrag als Grundlage	Bonus	Bonus Fritz Meyer
bis zu einem Wert von		100.000,00 €	0	0,00 €	0,00 €	€
zwischen	100.000,00 € und	150.000,00 €	2	50.000,00 €	1.000,00 €	€
zwischen	150.000,00 € und	200.000,00 €	2,5	50.000,00 €	1.250,00 €	€
zwischen	200.000,00 € und	300.000,00 €	2,8	100.000,00 €	2.800,00 €	€
zwischen	300.000,00 € und	400.000,00 €	3	100.000,00 €	3.000,00 €	€
zwischen	400.000,00 € und	500.000,00 €	3,5	100.000,00 €	3.500,00 €	€
zwischen	500.000,00 € und	600.000,00 €	3,8	100.000,00 €	3.800,00 €	
zwischen	600.000,00 € und	700.000,00 €	4	100.000,00 €	4.000,00 €	
zwischen	700.000,00 € und	800.000,00 €	4,5	100.000,00 €	4.500,00 €	
zwischen	800.000,00 € und	900.000,00 €	4,8	100.000,00 €	4.800,00 €	
zwischen	900.000,00 € und	1.000.000,00 €	5	100.000,00 €	5.000,00 €	
zwischen	1.000.000,00 € und	1.500.000,00 €	6	500.000,00 €	30.000,00 €	
zwischen	1.500.000,00 € und	2.000.000,00 €	6,5	500.000,00 €	32.500,00 €	
ab einem Wert von		2.000.000,00 €	7			
Gewährter Jahresbonus:						€

b) Kontieren Sie die Bonusgutschrift für den F. Meyer Fahrradgroßhandel e. K. (Nettobuchung).

1.	Nachlässe (2002)	
2.	Forderungen aus Lieferungen und Leistungen (2400)	
3.	Vorsteuer (2600)	
4.	Guthaben bei Kreditinstituten (Bank, 2800)	

→

5.	Verbindlichkeiten aus Lieferungen und Leistungen (4400)	
6.	Umsatzsteuer (4800)	
7.	Erlösberichtigungen (5001)	
8.	Nachlässe (6002)	
		Soll ___ Haben ___

Aufgabe 83 Kreuzen Sie die richtige Aussage an.

Wie werden Sofortrabatte beim Lieferer gebucht, die dem Kunden beim Bezug von Erzeugnissen gewährt werden?	
a) 5000 und 4800 an 2400	☐
b) überhaupt nicht	☐
c) 5000 und 2600 an 2400	☐
d) 5001 und 4800 an 2400	☐

Für die Aufgaben 84 bis 92 gilt:

1. Zu Beginn des Geschäftsjahres beträgt der Lagerbestand an Rohstoffen 165.000,00 €.
2. Während des Jahres werden Rohstoffe auf Ziel im Wert von netto 1.100.000,00 € eingekauft.

Aufgabe 84 Kreuzen Sie die richtige Aussage an.

Mit welchem Wert werden die Einkäufe auf dem Werkstoffaufwandskonto erfasst?	
a) 1.100.000,00 €	☐
b) 165.000,00 €	☐
c) 1.265.000,00 €	☐

Aufgabe 85 Kreuzen Sie die richtige Aussage an.

Aufgrund der Inventur ergibt sich ein Schlussbestand an Rohstoffen in Höhe von 130.000,00 €. Wie ist der Schlussbestand zu buchen?	
a) 2000 an 8010	☐
b) 8010 an 6000	☐
c) 8010 an 2000	☐
d) 6000 an 2000	☐

Aufgabe 86 Kreuzen Sie die richtige(n) Aussage(n) an.

Die Bestandsveränderung auf dem Rohstoffkonto beträgt (vgl. Aufgaben 84 und 85):	
a) 130.000,00 €	☐
b) 100.000,00 €	☐
c) 35.000,00 €	☐

Es handelt sich um einen

d)	Mehrbestand.	
e)	Minderbestand.	

Kreuzen Sie die richtige Aussage an.   Aufgabe 87

Die Bestandsveränderung wird in diesem Fall (s. Aufgabe 86) wie folgt gebucht:

a)	2000 an 6000	
b)	6000 an 2000	
c)	8010 an 2000	

Kreuzen Sie die richtige Aussage an.   Aufgabe 88

Über die Buchung „8020 an 6000" wird das Konto „Aufwendungen für Rohstoffe" mit dem folgendem Saldo abgeschlossen:

a)	35.000,00 €	
b)	1.135.000,00 €	
c)	80.000,00 €	
d)	1.065.000,00 €	

Kreuzen Sie die richtige Aussage an.   Aufgabe 89

Wenn der Schlussbestand laut Inventur aber 185.000,00 € beträgt, wie ist dann der Schlussbestand zu buchen?

a)	8010 an 2000	
b)	8010 an 6000	
c)	2000 an 8010	
d)	6000 an 2000	

Kreuzen Sie die richtige Aussage an.   Aufgabe 90

Aufgrund des veränderten Schlussbestandes ergibt sich auch eine andere Bestandsveränderung auf dem Konto „2000 Rohstoffe":

a)	20.000,00 €	
b)	185.000,00 €	
c)	100.000,00 €	
d)	1.100.000,00 €	

Es handelt sich jetzt um einen

e)	Mehrbestand.	
f)	Minderbestand.	

Aufgabe 91

Kreuzen Sie die richtige Aussage an.

Die Bestandsveränderung aus Aufgabe 90 wird gebucht:	
a) 2000 an 6000	☐
b) 6000 an 2000	☐
c) 8010 an 2000	☐
d) 8020 an 2000	☐

Aufgabe 92

Kreuzen Sie die richtige Aussage an.

Die Abschlussbuchung für das Konto „6000 Aufwendungen für Rohstoffe" lautet in diesem Fall (s. Aufgabe 91):	
a) 8010 an 6000 mit 20.000,00 €	☐
b) 8020 an 6000 mit 20.000,00 €	☐
c) 8020 an 6000 mit 1.120.000,00 €	☐
d) 8020 an 6000 mit 1.080.000,00 €	☐

Aufgabe 93

Kreuzen Sie die richtige Aussage an.

Bezugskosten, Nachlässe und Rücksendungen werden beim aufwandsorientierten Verfahren gebucht:	
a) auf Werkstoffbestandskonten	☐
b) auf Werkstoffaufwandskonten	☐
c) Rücksendungen auf Bestandskonten, Nachlässe und Bezugskosten auf Aufwandskonten	☐

Aufgabe 94

Berechnen Sie den Verkaufspreis für die folgenden Handelswaren und den Kalkulationszuschlag.

Stückzahl je Karton	12
Nettopreis pro Stück	7,80 €
Bezugskosten je Karton	13,20 €
Liefererrabatt (in %)	12
Liefererskonto (in %)	3
Handlungskosten (in %)	38
Gewinnzuschlag (in %)	12
Kundenrabatt (in %)	8
Kundenskonto (in %)	2

© Winklers · Schmolke/Deitermann · Übungen zur Finanzbuchhaltung · 666364

Verkaufskalkulation

	Listeneinkaufspreis (netto)	
–		
=		
–		
=		
+		
=		
+		
=		
+		
=		
+		
=	**Zielverkaufspreis**	
+		
=	**Listenverkaufspreis bzw. Angebotspreis (netto)**	
	Listenverkaufspreis je Stück	

Kalkulationszuschlag (Formel)	=	
Kalkulationszuschlag (Berechnung)	=	
	=	%

Personalbereich

Aufgabe 95 Welche Arbeitnehmer beziehen als Entgelt für ihre Arbeitsleistungen ein Gehalt, welche einen Lohn?

Aufgabe 96 Geben Sie für den Zeitlohn und für den Akkordlohn die Vor- und Nachteile an, die sich aus den jeweiligen Lohnformen für den Arbeitgeber und den Arbeitnehmer ergeben. Nutzen Sie dazu die unten aufgeführte Tabelle.

		Arbeitgeber	Arbeitnehmer
Zeit-lohn:	Vorteile		
	Nachteile		
Akkord-lohn:	Vorteile		
	Nachteile		

Sie sind als Mitarbeiter in der Finanzbuchhaltung der Fahrradwerke S. Thede e. K. in Hamburg beschäftigt. Nach dem für Ihr Unternehmen gültigen Manteltarifvertrag beträgt die wöchentliche Regelarbeitszeit 37 Stunden. Darüber hinaus gelten die folgenden Mehrarbeitszuschläge:

Aufgabe 97

1. für die ersten drei Stunden 25 %,
2. ab der 4. Mehrarbeitsstunde 50 %.

In der Abteilung B wird eine Schmutzzulage in Höhe von 0,30 € je Stunde gewährt.
In der Abteilung C erhalten die Arbeitnehmer auf den Grundlohn noch eine Leistungsprämie in Höhe von 8 %.

Führen Sie die Wochenlohnabrechnung in der nachstehenden Tabelle durch:

Name der Mitarbeiterin/des Mitarbeiters:		Martin Meier	Diana Peters
Arbeitsplatz in Abteilung:		C	B
geleistete Arbeitsstunden:		45	46,5
Normalstundensatz/Grundlohn:		16,80 €	17,20 €
Normalstundenlohn insgesamt:			
Leistungsprämie:			
Mehrarbeitszuschlag 25 %:			
Mehrarbeitszuschlag 50 %:			
Schmutzzulage je Stunde:			
Bruttoarbeitslohn:			

Im Produktionsbereich für die Fahrradrahmen werden drei Grundtypen produziert:

Aufgabe 98

Grundtyp	Normalleistung je Stunde
Rahmen für Damenfahrräder	4 Stück
Rahmen für Kinderfahrräder	6 Stück
Rahmen für Herrenfahrräder	3 Stück
Der Akkordrichtsatz beträgt 18,20 €/Std.	

Ermitteln Sie in der nachstehenden Tabelle das Stückgeld und den Bruttolohn für die beiden Arbeitnehmer.

Name des Mitarbeiters:	Dennis Schmidt	Kevin Hahn
Arbeitsplatz im Produktionsbereich für den Rahmengrundtyp:	Damenfahrräder	Kinderfahrräder
Normalleistung in Stück:		
Akkordrichtsatz:		
gefertigte Stückzahl:	515	680
Stückgeld:	_____	_____
Stückgeld:	= _____ €	= _____ €
Bruttolohn des Arbeitnehmers:		

Aufgabe 99

Auch im Montagebereich der S. Thede e. K. wird im Akkord gearbeitet. Hier beträgt der Grundlohn für einen Facharbeiter 13,80 €/Std. und zusätzlich erhalten die Facharbeiter einen Akkordzuschlag in Höhe von 25 %. Die Normalleistung für die Montage der Rückstrahlleuchten liegt bei 18 Stück je Stunde.

Berechnen Sie in der nachfolgenden Tabelle die fehlenden Werte.

Name des Facharbeiters:	Daniel Pohlmann	
Normalleistung in Stück:		
gefertigte Stückzahl:		2 930
Grundlohn:		
	Berechnung	**Ergebnis**
Akkordrichtsatz:	_____	=
Stückgeld bei Akkordlohnbasis:	_____	=
Vorgabezeit je Stück:	_____	=
Zeitminutenfaktor:	_____	=
Bruttoverdienst bei Zeitakkord:		=
Bruttoverdienst bei Stückakkord:		=
Stückgeld bei Tariflohnbasis:	_____	=
Bruttoverdienst auf Tariflohnbasis:		=

Aufgabe 100

Ermitteln Sie den Leistungsgrad eines Facharbeiters, wenn die Normalleistung je Stunde 22 Stück beträgt und er tatsächlich 28 Stück gefertigt hat.

Leistungsgrad	=	_____
	=	%

© Winklers · Schmolke/Deitermann · Übungen zur Finanzbuchhaltung · 666368

Ein Angestellter, ledig, kinderlos, 34 Jahre alt, verdient brutto 2.750,00 € monatlich (Jahr: **2015**).
An Abzügen hat er:

Aufgabe 101

Krankenversicherung (**7,3 %**) . . . . . . 200,75 € Lohnsteuer (14,34 %) . . . . 394,35 €
Pflegeversicherung (**1,425 %**) . . . . . . 39,19 € Kirchensteuer (9 % der Lohnsteuer) . . . 35,49 €
Rentenversicherung (9,35 %) . . . . 257,13 € Solidaritätszuschlag
Arbeitslosenversicherung (1,5 %) . . . . 41,25 € (5,5 % der Lohnsteuer) . . . . 21,69 €

Kreuzen Sie die richtige(n) Aussage(n) an.

Teil 1:

a) Seine Gesamtabzüge betragen 989,85 €.

b) Seine Gesamtabzüge machen 49,835 % des Bruttogehaltes aus.

c) Seine Gesamtabzüge machen 35,995 % des Bruttogehaltes aus.

d) Netto überweist ihm der Arbeitgeber 1.670,15 €.

Teil 2:

Im obigen Beispiel beträgt der Arbeitgeberanteil zur Sozialversicherung 531,44 €.

a) Der Arbeitgeber hat damit einen ebenso hohen Anteil zur Sozialversicherung zu leisten wie der Arbeitnehmer.

b) Der Arbeitgeber zahlt weniger in die Sozialversicherung ein als der Arbeitnehmer, weil sein Beitrag zur Krankenversicherung niedriger ist.

c) Der Arbeitgeber zahlt weniger in die Sozialversicherung ein als der Arbeitnehmer, weil sein Betrag zur Pflegeversicherung niedriger ist.

d) Die monatlichen Personalkosten des Arbeitnehmers betragen für den Arbeitgeber 3.281,44 €.

Berechnen Sie mithilfe der aufgeführten Daten für die folgenden Arbeitnehmer das Bruttoarbeitsentgelt, die Steuerabzüge, den Arbeitnehmeranteil an der Sozialversicherung und das jeweilige Nettoarbeitsentgelt. Hinweis: Die Krankenkassen der Arbeitnehmer verlangen keinen Zusatzbeitrag von ihren Versicherten.

Aufgabe 102

Name	Tariflohn/-gehalt	Familien-stand	sonstige Hinweise	Vermögens-wirksame Leistung	Bekleidungs-zuschuss	kostenlose private Nutzung eines Firmen-Pkw	
						ja/nein	Bruttolisten-preis des Pkw
Fritz Thomsen	2.150,00 €	verheiratet, 2 Kinder	Ehefrau hat die Steuerklasse V	39,00 €	120,00 €	nein	—
Hans Lose	2.200,00 €	ledig		66,00 €	—	ja	14.280,00 €
Tina Smidt	2.280,00 €	geschieden, 0,5 Kinder	Kind lebt bei der Mutter	39,00 €	60,00 €	nein	—

Aufgrund einer Betriebsvereinbarung beteiligt sich der Arbeitgeber mit 50 % an der vermögenswirksamen Leistung.

Versicherungszweig	Beitragssatz (in %)	Arbeitgeberanteil (in %)	Arbeitnehmeranteil (in %)
Krankenversicherung	14,6		
Pflegeversicherung	2,35		
Rentenversicherung	18,7		
Arbeitslosenversicherung	3,0		

(Fortsetzung von Aufgabe 102)

Entgeltberechnung:			
Name des Arbeitnehmers:	**Fritz Thomsen**	**Hans Lose**	**Tina Smidt**
Steuerklasse:			
Kinderfreibetrag:			
Tariflohn/Tarifgehalt:	€	€	€
+ Arbeitgeberanteil an VL:	€	€	€
+ Bekleidungszuschuss:	€	€	€
+ Sachbezug:	€	€	€
= **Bruttogehalt:**	**€**	**€**	**€**
− **Steuerabzüge:**			
Lohnsteuer:	€	€	€
Kirchensteuer:	€	€	€
Solidaritätszuschlag:	€	€	€
Steuerabzüge insgesamt:	€	€	€
− **Arbeitnehmeranteil Sozialversicherung:**			
Krankenversicherung:	€	€	€
Pflegeversicherung:	€	€	€
Rentenversicherung:	€	€	€
Arbeitslosenversicherung:	€	€	€
Arbeitnehmeranteil Soz.-Vers. insgesamt:	€	€	€
− Vermögenswirksame Sparleistung:	€	€	€
− Sachbezug:	€	€	€
= **Nettoauszahlung (Banküberweisung):**	**€**	**€**	**€**
Berechnung des Arbeitgeberanteils zur Sozialversicherung:			
Krankenversicherung:	€	€	€
Pflegeversicherung:	€	€	€

Name des Arbeitnehmers:	Fritz Thomsen	Hans Lose	Tina Smidt
Rentenversicherung:	€	€	€
Arbeitslosenversicherung:	€	€	€
Arbeitgeberanteil Sozialversicherung:	€	€	€

Aufgabe 103

Ein Angestellter bezieht ein Bruttogehalt von 2.500,00 €. Seine Steuerabzüge betragen 240,20 €, seine Abzüge zur Sozialversicherung 670,00 €. Der Arbeitgeberanteil an der Sozialversicherung beträgt 640,00 €.

Buchen Sie

a) den Bankeinzug der Sozialversicherung,

b) die Gehaltsbuchung,

c) den Arbeitgeberanteil der Sozialversicherung und

d) die Überweisung der einbehaltenen Steuerabzüge an das Finanzamt.

Grundbuch			
Nr.	Text	Soll	Haben
a)			
	an 2880 Bank		
b)			
	an		
	an		
	an		
c)			
	an		
d)			
	an		

Aufgabe 104

Der Lohn eines Facharbeiters, ledig, beträgt im Juni 2.466,00 €. Laut Arbeitsvertrag erhält er von seinem Arbeitgeber zusätzlich zu seinem Lohn 33,00 € vermögenswirksame Leistung, die zum Erwerb von Anteilen an einem Aktienfonds überwiesen werden. Seine steuerlichen Abzüge betragen 386,24 €. Der Arbeitnehmeranteil an der Sozialversicherung beträgt 517,95 €, der Arbeitgeberanteil 489,20 €.

Buchen Sie

a) den Bankeinzug der Sozialversicherung,

b) die Lohnbuchung und

c) den Arbeitgeberanteil der Sozialversicherung.

→

(Fortsetzung von Aufgabe 104)

Grundbuch			
Nr.	Text	Soll	Haben
a)			
	an		
b)			
	an		
	an		
	an		
	an		
c)			
	an		

Aufgabe 105 **Kreuzen Sie die richtige Aussage an.**

Über welches Konto sind die Konten 4830 und 4860 abzuschließen, wenn bis zum Bilanzstichtag die einbehaltenen Beträge noch nicht überwiesen wurden?	
a)	6300 Gehälter
b)	8020 Gewinn- und Verlustkonto
c)	8010 Schlussbilanzkonto
d)	3000 Eigenkapitalkonto

Aufgabe 106 **Überprüfen Sie, ob folgende Aussagen richtig (r) oder falsch (f) sind.**

a)	Durch gesetzliche Vorschrift ist der Arbeitgeber zur Beteiligung an den vermögenswirksamen Leistungen seiner Arbeitnehmer verpflichtet.	
b)	Ledige werden nach Steuerklasse III besteuert.	
c)	Sozialversicherungsbeiträge zur Renten- und Arbeitslosenversicherung werden je zur Hälfte vom Arbeitnehmer und Arbeitgeber getragen.	
d)	Beiträge zur Unfallversicherung trägt der Arbeitnehmer.	
e)	Auf vermögenswirksame Sparleistungen erhält der Arbeitnehmer eine staatliche Sparzulage, deren Höhe von der Art der Sparanlage und vom Familienstand des Arbeitnehmers abhängt.	
f)	Die Arbeitnehmersparzulage wird auf Antrag (Antragsveranlagung/Einkommenssteuererklärung) vom Finanzamt ausgezahlt.	
g)	Die Beiträge zur gesetzlichen Krankenversicherung sind für Arbeitgeber und Arbeitnehmer unterschiedlich hoch.	

Sachanlagenbereich

Kreuzen Sie die richtige(n) Aussage(n) an.

a)	Der Kauf von Grundstücken ist nicht umsatzsteuerpflichtig.
b)	Der Grunderwerbsteuer unterliegen beim Kauf nur unbebaute Grundstücke.
c)	Die Kosten der Zulassung für einen Lkw stellen keine Anschaffungsnebenkosten dar.
d)	Die Kosten für die Erstellung eines Fundaments für eine Maschine sind als Sonstige Aufwendungen zu buchen.

Kreuzen Sie die richtige(n) Aussage(n) an.

Untersuchen Sie, ob unten stehende Aufwendungen Anschaffungsnebenkosten darstellen.

a)	die bezahlte Transportversicherung für eine gekaufte Maschine
b)	die gezahlte Grunderwerbsteuer beim Kauf eines Grundstücks
c)	die Feuerversicherung für ein gekauftes bebautes Grundstück
d)	die Montagekosten für eine neue Maschine

Für die Anschaffung einer Verpackungsmaschine stellt uns der Lieferer eine Rechnung mit folgendem Inhalt:

Nettopreis:	18.000,00 €	
Transportversicherung:	250,00 €	zzgl. 19 % USt
Versandkosten:	450,00 €	
Montagekosten:	1.500,00 €	

Die Fundamentierungsarbeiten einer ortsansässigen Bauunternehmung machen 1.300,00 € zuzüglich 19 % Umsatzsteuer aus.

Beide Rechnungen werden mit 2 % Skonto durch Banküberweisung beglichen.

a) Wie hoch sind die aktivierungspflichtigen Anschaffungskosten?

=	**aktivierungspflichtige Anschaffungskosten**	

b) **Nehmen Sie die vier erforderlichen Buchungen vor.**

Buchungen				
Nr.	**Text**	**Konto-Nr.**	*Soll*	*Haben*
1.				
	an			
2.				
	an			
3.				
	an			
	an			
	an			
4.				
	an			
	an			
	an			

Aufgabe 110 **Kreuzen Sie die richtige(n) Aussage(n) an.**

a)	Anschaffungsnebenkosten sind zu aktivieren, weil sie für die Betriebsbereitschaft des Anlagegutes notwendig sind.	
b)	Die Maklergebühr des Grundstücksmaklers und die Kosten der Beurkundung des Notars sind beim Grundstücksverkauf als Anschaffungsnebenkosten zu aktivieren.	
c)	Die Grundsteuer und die Kanalbenutzungsgebühr für das gekaufte Grundstück sind im Anschaffungsjahr zu aktivieren.	
d)	Ein Sonderrabatt beim Kauf eines Sachanlagegutes ist als Nachlass zu buchen.	
e)	Die Anlagenkarteikarte ergänzt inhaltlich ganz wesentlich das entsprechende Anlagenkonto.	

Die Gesamtleistung eines Industriebetriebes ist aufgrund nachstehender Angaben für eine Abrechnungsperiode zu ermitteln:

	Umsatzerlöse	230.000,00 €
	Minderbestand an unfertigen Erzeugnissen	4.300,00 €
	andere Aufwendungen	45.000,00 €
	Eigenleistungen	50.000,00 €
	Mehrbestand an fertigen Erzeugnissen	8.500,00 €
	Aufwendungen für Rohstoffe	70.000,00 €
	Löhne und Gehälter	110.000,00 €
=	**Gesamtleistung**	

Sind die folgenden Aussagen richtig (r) oder falsch (f)?

a)	Alle Eigenleistungen sind zu Herstellungskosten zu aktivieren.	
b)	Eine Eigenleistung stellt eine Vermögensmehrung und einen Ertrag dar.	
c)	Die Herstellungsaufwendungen für die Eigenleistung werden gebucht: „Klassen 6/7 an 5300 Eigenleistungen"	
d)	Die Eigenleistung wird „Klasse 0 an 8020 Gewinn- und Verlustkonto" gebucht.	
e)	Großreparaturen sind immer Eigenleistungen, weil sie das Anlagevermögen mehren.	

Sind die folgenden Aussagen richtig (r) oder falsch (f)?

a)	Werterhaltende Reparaturen stellen Wertsteigerungen dar.	
b)	Die Bemessungsgrundlage für die Abschreibung bei Eigenleistungen sind die entsprechenden Nettoverkaufspreise dieser Erzeugnisse.	
c)	Die Eigenleistung mindert auf dem Konto „Gewinn und Verlust" den Ertrag.	
d)	Eigenleistungen wirken sich auf die Schlussbilanz aus.	

Sie sind in der Finanzbuchhaltung eines Industriebetriebes tätig und für das dortige Anlagevermögen zuständig. Für die Produktion wird eine neue Fertigungsmaschine benötigt, die speziell den Bedürfnissen Ihres Unternehmens angepasst werden muss.

Der Anschaffungspreis beträgt 180.000,00 €, zusätzlich fallen noch Montagekosten in Höhe von 2.000,00 € netto an. Als Liefertermin wird der 2. Februar im folgenden Jahr vereinbart.

a) **Bedingt durch die Spezialanfertigung verlangt der Lieferant in seiner Rechnung vom 1. November eine Anzahlung in Höhe von 25 %. Welchen Betrag müssen Sie überweisen?** →

	Anschaffungspreis		
	Montagekosten		
	Anschaffungskosten		
	Höhe der Anzahlung		
	Umsatzsteuer		
=	**Rechnungsbetrag der Anzahlung**		

b) Wie müssen Sie den Rechnungseingang am 1. November buchen?

1.	Technische Anlagen und Maschinen (0700)		
2.	Geleistete Anzahlung auf Sachanlagen (0900)		
3.	Forderungen aus Lieferungen und Leistungen (2400)		
4.	Vorsteuer (2600)		
5.	Guthaben bei Kreditinstituten (Bank, 2800)		
6.	Erhaltene Anzahlungen auf Bestellungen (4300)		
7.	Verbindlichkeiten aus Lieferungen und Leistungen (4400)		
8.	Umsatzsteuer (4800)		
		Soll	Haben

c) Welchen Betrag dürfen Sie am Ende des laufenden Jahres bilanzmäßig maximal abschreiben, wenn Sie von einer Nutzungsdauer von acht Jahren auszugehen haben? Begründen Sie Ihr Ergebnis.

Abschreibungsbetrag: _____ €

Begründung: _____

_____

d) Buchen Sie den Rechnungseingang am Tag der Lieferung.

1.	Technische Anlagen und Maschinen (0700)		
2.	Geleistete Anzahlung auf Sachanlagen (0900)		
3.	Forderungen aus Lieferungen und Leistungen (2400)		
4.	Vorsteuer (2600)		
5.	Guthaben bei Kreditinstituten (Bank, 2800)		
6.	Erhaltene Anzahlungen auf Bestellungen (4300)		
7.	Verbindlichkeiten aus Lieferungen und Leistungen (4400)		
8.	Umsatzsteuer (4800)		
		Soll	Haben

e) Am 6. Februar wird der Rechnungsbetrag durch Banküberweisung beglichen.
    Bitte buchen Sie.

1.	Technische Anlagen und Maschinen (0700)		
2.	Geleistete Anzahlung auf Sachanlagen (0900)		
3.	Forderungen aus Lieferungen und Leistungen (2400)		
4.	Vorsteuer (2600)		
5.	Guthaben bei Kreditinstituten (Bank, 2800)		
6.	Erhaltene Anzahlungen auf Bestellungen (4300)		
7.	Verbindlichkeiten aus Lieferungen und Leistungen (4400)		
8.	Umsatzsteuer (4800)		
		Soll ____	Haben ____

f) Nach der Inbetriebnahme der neuen Maschine stellen wir fest, dass es beim Abtransport der gefertigten Erzeugnisse zu Verzögerungen kommt. Das notwendige Transportband wird von uns selbst erstellt.
    Buchen Sie die Aktivierung.

1.	Technische Anlagen und Maschinen (0700)		
2.	Geleistete Anzahlung auf Sachanlagen (0900)		
3.	Forderungen aus Lieferungen und Leistungen (2400)		
4.	Vorsteuer (2600)		
5.	Guthaben bei Kreditinstituten (Bank, 2800)		
6.	Erhaltene Anzahlungen auf Bestellungen (4300)		
7.	Verbindlichkeiten aus Lieferungen und Leistungen (4400)		
8.	Aktivierte Eigenleistungen (5300)		
		Soll ____	Haben ____

Ordnen Sie den Abschreibungsarten die jeweiligen Aussagen zu: **Aufgabe 115**

(A)	Lineare Abschreibung		Die Abschreibung wird vom jeweiligen Buch- oder Restwert vorgenommen.
(B)	Degressive Abschreibung		Man dividiert den Anschaffungswert durch die Gesamtleistung (z. B. km) und erhält dann den Abschreibungsbetrag je Leistungseinheit.
(C)	Abschreibung nach Leistungseinheiten		Es wird jährlich ein gleich bleibender Betrag von den Anschaffungskosten abgeschrieben.

Aufgabe 116

Sind die unten stehenden Aussagen richtig (r) oder falsch (f)?

a)	Abschreibungen mindern die gewinnabhängigen Steuern.	
b)	Abschreibungen wirken sich nicht auf den Ertrag des Unternehmens aus.	
c)	Außerplanmäßige Abschreibungen hängen von der betriebsgewöhnlichen Nutzungsdauer des Anlagegutes ab.	
d)	Bei Entwertung eines unbebauten Grundstücks kann eine außerplanmäßige Abschreibung vorgenommen werden.	
e)	Die technische oder wirtschaftliche Entwertung von abnutzbaren Anlagegütern kann durch eine außerplanmäßige Abschreibung aufgefangen werden.	
f)	Fortgeführte Anschaffungskosten sind die Werte von abnutzbaren Anlagegütern nach der Abschreibung.	

Aufgabe 117

Zur Vervollständigung der Ausstattung eines neuen Büroraumes wurden am 12. Dezember die folgenden Gegenstände bar eingekauft:

Menge	Artikel	Stückpreis	Betrag
6	Schreibtisch	140,00 €	
2	Laserdrucker	740,00 €	
4	Rechenmaschine	45,00 €	
zuzüglich 19 % Umsatzsteuer			

a) Buchen Sie den Einkauf vom 12. Dezember.
b) Buchen Sie die Abschreibung zum 31. Dezember.

Grundbuch				
Nr.	Text	Konto-Nr.	Soll	Haben
a1)				
	an			
a2)				
	an			
b)				
	an			

Ein Pkw, der zum 1. Januar des Geschäftsjahres einen Buchwert in Höhe von 5.000,00 € aufgewiesen hat und jährlich mit 5.000,00 € linear abgeschrieben worden ist, soll am 20. Oktober aus dem Unternehmen ausscheiden.

Aufgabe 118

a) Buchen Sie die zeitanteilige Abschreibung.

b) Buchen Sie einen Zielverkauf des Pkw zum Buchwert.

c) Buchen Sie einen Zielverkauf des Pkw 30 % über Buchwert.

d) Buchen Sie einen Zielverkauf des Pkw 10 % unter Buchwert.

e) Buchen Sie das Ausscheiden des Pkw als Privatentnahme (Tageswert = 60 % über Buchwert).

f) Buchen Sie den Buchwertabgang.

Grundbuch					
Nr.	Text	Konto-Nr.		Soll	Haben
a)					
	an				
b)					
	an				
	an				
c)					
	an				
	an				
d)					
	an				
	an				
e)					
	an				
	an				
f)					
	an				

Periodengerechte Abgrenzungen

Aufgabe 119

Ergänzen Sie die folgenden Aussagen zu den zeitlichen Abgrenzungen:

Wenn wir noch die Leistung für eine erbrachte Vorauszahlung zu erhalten haben, so ist am 31. Dezember

das Konto _____ anzusprechen. Abzugrenzen ist der

Betrag, der in das _____ Jahr fällt.

Wenn wir bereits eine Leistung erbracht haben, aber die Zahlung hierfür noch nicht erhalten haben, so

ist bei der Abgrenzungsbuchung am 31. Dezember über das Konto _____

abzugrenzen. Abzugrenzen ist der Betrag, der in das _____ Jahr fällt.

Durch die zeitliche Abgrenzung der Aktiven Rechnungsabgrenzung wird im alten Jahr der Aufwand

_____ und im neuen Jahr wird der Aufwand _____.

Die Abgrenzungsbuchung am 31. Dezember lautet:

_____.

Buchen wir am 31. Dezember über das Konto „Sonstige Forderungen", so wird im alten Jahr der Ertrag

_____. Die Abgrenzungsbuchung am 31. Dezember lautet:

_____.

Durch die zeitliche Abgrenzung der Passiven Rechnungsabgrenzung wird im alten Jahr der Ertrag

_____ und im neuen Jahr wird der Ertrag _____.

Die Abgrenzungsbuchung am 31. Dezember lautet:

_____.

Buchen wir am 31. Dezember über das Konto „Sonstige Verbindlichkeiten", so wird im alten Jahr der

Aufwand _____. Die Abgrenzungsbuchung am 31. Dezember lautet:

_____.

© Winklers · Schmolke/Deitermann · Übungen zur Finanzbuchhaltung · 666380

Am 1. November belastet uns die Bank Darlehenszinsen in Höhe von 486,00 € für ein Quartal im Voraus.

a) Welcher Betrag ist dem alten und welcher Betrag ist dem neuen Jahr zuzurechnen?
b) Buchen Sie die Zahlung am 1. November.
c) Buchen Sie die zeitliche Abgrenzung zum 31. Dezember.
d) Schließen Sie das Konto „Zinsaufwendungen" ab.
e) Wie ist am 1. Januar zu buchen?

a)	Auf das alte Jahr entfallen

Buchungen

Nr.	Text	Konto-Nr.	Soll	Haben
b)				
	an			
c)				
	an			
d)				
	an			
e)				
	an			

Unser Mieter überweist am 1. September vereinbarungsgemäß die halbjährliche Miete in Höhe von 4.500,00 € im Voraus.

a) Welcher Betrag ist dem alten und welcher Betrag ist dem neuen Jahr zuzurechnen?
b) Buchen Sie den Zahlungseingang am 1. September.
c) Buchen Sie die zeitliche Abgrenzung zum 31. Dezember.
d) Schließen Sie das Konto „Miet- und Pachterlöse" ab.
e) Wie ist am 1. Januar zu buchen?

a)	Auf das alte Jahr entfallen

Buchungen

Nr.	Text	Konto-Nr.	Soll	Haben
b)				
	an			

→

Buchungen

Nr.	Text		Konto-Nr.	Soll	Haben
c)					
	an				
d)					
	an				
e)					
	an				

Aufgabe 122 Bilden Sie für die nachstehenden Geschäftsfälle alle erforderlichen Buchungssätze in chronologischer Reihenfolge.

1.	Die Miete für Dezember des alten Jahres überweisen wir vom Bankkonto erst am 12.01. des neuen Jahres.	700,00 €
2.	Die Darlehenszinsen für die Monate September bis Februar werden von uns vertragsgemäß erst am 28.02. überwiesen.	960,00 €
3.	Unser Mieter überweist die Dezembermiete vereinbarungsgemäß erst am 15.01.	280,00 €
4.	Die Zinsgutschrift der Bank für die Monate Dezember bis Februar erfolgt erst am 20.02.	1.200,00 €
5.	Vertriebsprovision für Dezember bis Februar überweisen wir erst bei Rechnungsstellung am 08.03. des neuen Jahres zuzüglich Umsatzsteuer.	3.600,00 €
6.	Am 01.09. überweisen wir für ein Jahr im Voraus die Versicherungsbeiträge.	696,00 €
7.	Am 01.11. geht auf unserem Bankkonto die Vierteljahresmiete der Lagerhalle ein.	4.500,00 €
8.	Die im Voraus fällige jährliche Kfz–Steuer wurde am 01.06. durch das Finanzamt von unserem Bankkonto eingezogen.	372,00 €

Grundbuch

Nr.	Datum	Text	Soll	Haben
1a)	31.12.			
		an		
1b)	12.01.			
		an		
2a)				
		an		
2b)				
		an		

Grundbuch				
Nr.	Datum	Text	*Soll*	*Haben*
3a)				
		an		
3b)				
		an		
4a)				
		an		
4b)				
		an		
		an		
5a)				
		an		
5b)				
		an		
6a)				
		an		
6b)				
		an		
6c)				
		an		
7a)				
		an		
7b)				
		an		

$\longrightarrow$

Grundbuch				
Nr.	Datum	Text	Soll	Haben
7c)				
		an		
8a)				
		an		
8b)				
		an		
8c)				
		an		

Aufgabe 123   Kreuzen Sie die richtige(n) Aussage(n) an.

Wofür werden Rückstellungen gebildet?	
a)	für zweifelhafte Forderungen	
b)	für sonstige Verbindlichkeiten	
c)	für ungewisse Verbindlichkeiten	
d)	für Kulanzgewährleistungen	

Aufgabe 124   a) Worin unterscheiden sich Rückstellungen und Verbindlichkeiten?
b) Zu welcher Kapitalposition zählen Rückstellungen?

a) _____

_____

_____

b) _____

Aufgabe 125   Kreuzen Sie die richtige(n) Aussage(n) an.

Erscheinen die Rückstellungsbeträge in der Erfolgsrechnung?	
a)	ja, in der Erfolgsrechnung des neuen Jahres	
b)	nein, nur in der Schlussbilanz	
c)	ja, in der Erfolgsrechnung des alten Jahres	
d)	nein, nur im passiven Bestandskonto	

Bilden Sie für die nachstehenden Geschäftsfälle alle erforderlichen Buchungssätze in chronologischer Reihenfolge. **Aufgabe 126**

1.	Zum Jahresende wird mit einer Gewerbesteuer-Nachzahlung gerechnet in Höhe von	6.200,00 €
	Am 14. Januar bucht das Finanzamt für die nachträglich zu zahlende Gewerbesteuer einen Betrag ab in Höhe von	7.000,00 €
2.	Die Gerichtskosten für einen laufenden Prozess schätzen wir am Jahresende auf	4.800,00 €
	Tatsächlich überweisen wir am 4. April Gerichtskosten in Höhe von	4.500,00 €
3.	Die Kosten für die Arbeit unseres Steuerberaters des alten Jahres schätzen wir am 31. Dezember auf netto	5.600,00 €
	Der Rechnungseingang erfolgt am 10. März über einen Nettorechnungsbetrag in Höhe von	5.900,00 €
	Die Banküberweisung zum Rechnungsausgleich wird am 18. März getätigt.	
4.	Der unverbindliche Kostenvoranschlag für eine notwendige Reparatur, die im alten Jahr aus Zeitgründen nicht mehr vorgenommen werden konnte (wird im Februar nachgeholt), lautet netto über	9.800,00 €
	Der Rechnungseingang erfolgt am 28. Februar über einen Nettorechnungsbetrag in Höhe von	10.200,00 €
	Die Banküberweisung zum Ausgleich der Rechnung erfolgt am 7. März.	
5.	Im Rahmen eines laufenden Prozesses rechnen wir zum 31. Dezember mit Rechtsanwaltskosten in einer Nettohöhe von	7.700,00 €
	Der Rechnungseingang erfolgt am 26. März über einen Nettorechnungsbetrag in Höhe von	7.200,00 €
	Der Ausgleich der Rechnung wird am 3. April per Banküberweisung vorgenommen.	
6.	Zum 31.Dezember rechnen wir mit ausstehenden Provisionsverpflichtungen in Höhe von netto	12.500,00 €
	Rechnungseingänge am 24. Januar, die Nettorechnungsbeträge belaufen sich insgesamt auf	11.900,00 €
	Der Ausgleich per Banküberweisung erfolgt am 30. Januar.	
7.	Zum 31. Dezember rechnen wir mit einer Gewerbesteuernachzahlung in Höhe von	3.100,00 €
	Am 26. März überweisen wir die tatsächlich nachträglich fälligen Gewerbesteuern in Höhe von	3.100,00 €
8.	Am 3. Dezember schließen wir einen Vertrag über den Kauf von Rohstoffen, 1 500 Einheiten zum Festpreis von 54,00 € je Einheit. Die Lieferung soll am 15. Januar des neuen Jahres erfolgen. Zum 31. Dezember liegt der Marktpreis dieser Rohstoffe bei 45,00 € je Einheit. (Das Unternehmen bucht aufwandsorientiert.)	_____ €
	Der Rechnungseingang erfolgt am Tag der Lieferung.	

Grundbuch

Nr.	Datum	Text	Soll	Haben
1a)				
		an		
1b)				
		an		
2a)				
		an		
2b)				
		an		
		an		

Grundbuch				
Nr.	Datum	Text	*Soll*	*Haben*
3a)				
		an		
3b)				
		an		
3c)				
		an		
4a)				
		an		
4b)				
		an		
4c)				
		an		
5a)				
		an		
5b)				
		an		
		an		
5c)				
		an		

© Winklers · Schmolke/Deitermann · Übungen zur Finanzbuchhaltung · 666386

Grundbuch				
Nr.	**Datum**	**Text**	*Soll*	*Haben*
6a)				
		an		
6b)				
		an		
		an		
6c)				
		an		
7a)				
		an		
7b)				
		an		
8a)				
		an		
8b)				
		an		

Überprüfen Sie unten stehende Aussagen auf ihre Richtigkeit.

Aufgabe 127

a)	Rückstellungen stimmen mit den „Sonstigen Verbindlichkeiten" überein.	
b)	In den Beträgen der Rückstellungen können stille Rücklagen vorhanden sein, die handelsrechtlich erlaubt sind.	
c)	Rückstellungen sind nur in angemessener Höhe für entsprechende Aufwendungen zu bilden.	
d)	Rückstellungen können für Bürgschaftsverbindlichkeiten gebildet werden.	
e)	Rückstellungen stellen Gewinnverwendung dar.	
f)	Rückstellungen sind nicht Wertberichtigungen, sondern Erfolgsberichtigungen.	

Bilanzierung der Vermögens- und Schuldenposten

Aufgabe 128

Kreuzen Sie die richtige(n) Aussage(n) an.

In welche drei Gruppen teilt man die Forderungen aus Lieferungen und Leistungen ein?	
a)	Forderungen aus Industrie, Großhandel und Einzelhandel	
b)	Einwandfreie, zweifelhafte und uneinbringliche Forderungen	
c)	Forderungen aus Handelswaren, Eigenerzeugnissen und Nebengeschäften	
d)	Forderungen an große, mittlere und kleine Betriebe	

Aufgabe 129

Kreuzen Sie die richtige(n) Aussage(n) an.

Wie sind die Forderungen nach HGB zu bewerten?	
a)	Die einwandfreien Forderungen sind mit ihrem Nennbetrag, die zweifelhaften mit ihrem wahrscheinlichen Wert anzusetzen, die uneinbringlichen sind abzuschreiben.	
b)	Die einwandfreien Forderungen sind mit ihrem Nennbetrag anzusetzen, die zweifelhaften und die uneinbringlichen sind abzuschreiben.	
c)	Die einwandfreien Forderungen sind mit ihrem Nennbetrag, die zweifelhaften und uneinbringlichen Forderungen sind mit ihrem wahrscheinlichen Wert anzusetzen.	
d)	Die einwandfreien Forderungen sind mit ihrem vermutlichen Wert anzusetzen, die zweifelhaften und uneinbringlichen sind abzuschreiben.	

Aufgabe 130

Zur Bewertung der Forderungen liegen uns zum 31. Dezember folgende Informationen vor:

Die Einzelwertberichtigung des Vorjahres betrug 23.800,00 €. Die Pauschalwertberichtigung des Vorjahres betrug 1.428,00 €. Aufgrund der aus der Vergangenheit bezogenen Erfahrungswerte wird die Pauschalwertberichtigung mit einem Satz von 1,5 % errechnet.

Darüber hinaus steht die folgende Forderungsliste zur Verfügung:

Kunde	Forderungshöhe (brutto)	Einschätzung der Forderung	Einzelwertberichtigung (netto)	Forderung (netto)
A	23.800,00 €	einwandfrei		
B	22.848,00 €	zweifelhaft, geschätzter Eingang 40 %		
C	53.550,00 €	einwandfrei		
D	20.944,00 €	zweifelhaft, geschätzter Ausfall 65 %		
E	16.184,00 €	einwandfrei		
F	17.374,00 €	zweifelhaft, geschätzter Ausfall 30 %		
G	10.115,00 €	uneinbringlich		
H	30.107,00 €	einwandfrei		
Summe:	194.922,00 €			

Pauschalwertberichtigung 1,5 % von _____ =

a) Nehmen Sie die erforderlichen Umbuchungen auf dem Konto „Zweifelhafte Forderungen" vor.

b) Schreiben Sie direkt die uneinbringlichen Forderungen ab.

c) Berechnen Sie die tatsächlich benötigte Einzelwertberichtigung und buchen Sie die Anpassung dieser Einzelwertberichtigung.

d) Berechnen Sie die tatsächlich benötigte Pauschalwertberichtigung und buchen Sie die Anpassung dieser Pauschalwertberichtigung.

Buchungen				
Nr.	**Text**	**Konto-Nr.**	*Soll*	*Haben*
a)				
	an			
b)				
	an			
c)				
	an			
d)				
	an			

Auf eine im alten Jahr als uneinbringlich abgeschriebene Forderung gehen im neuen Jahr 2.856,00 € auf unser Bankkonto ein. Buchen Sie den Zahlungseingang.

Aufgabe 131

Buchungen				
Nr.	**Text**	**Konto-Nr.**	*Soll*	*Haben*
	an			
	an			

Kreuzen Sie die richtige(n) Aussage(n) an.

Aufgabe 132

Wann erfolgt bei einer zweifelhaften Forderung die Berichtigung der Umsatzsteuerschuld?	
a) sobald die Forderung zweifelhaft wird	
b) wenn der Forderungsverlust eintritt	
c) wenn eine Forderung beglichen wird	
d) wenn der Kunde mit der Bezahlung der Forderung in Verzug ist	

Aufgabe 133

Am 15. August wird gegen unsere Kundin Diana Gottschalk das Insolvenzverfahren eröffnet. Zu diesem Zeitpunkt besteht ihr gegenüber noch eine Forderung in Höhe von 8.211,00 €.

Nach dem Abschluss des Insolvenzverfahrens am 17. Oktober werden 35 % der ursprünglichen Forderungen auf unser Bankkonto überwiesen. Der Rest ist somit uneinbringlich.

a) Wie ist am 15. August zu buchen?

b) Wie lautet die Buchung vom 17. Oktober?

Buchungen				
Nr.	Text	Konto-Nr.	Soll	Haben
a)				
	an			
b)				
	an			

Aufgabe 134

Kreuzen Sie die richtige Aussage an.

> Am 2. Dezember 01 liefert ein amerikanischer Exporteur an ein deutsches Unternehmen Fremdbauteile im Wert von 42.000,00 USD; Zahlungsziel 40 Tage. Bei Rechnungseingang notiert der USD an der Frankfurter Börse mit Geldkurs 1,20 und Briefkurs 1,26.
> Zu welchem Kurs und zu welchem Wert in Euro ist die Verbindlichkeit a. LL bei Rechnungseingang zu bewerten?

a)	Kurs 1,20; Wert 35.000,00 €	☐	c) Kurs 1,23; Wert 51.660,00 €	☐
b)	Kurs 1,23; Wert 34.146,34 €	☐	d) Kurs 1,26; Wert 33.333,33 €	☐

Aufgabe 135

Kreuzen Sie die richtige Aussage an.

> Wie ist die obige Verbindlichkeit a. LL (s. Aufgabe 134) am 31.12.01 zu bewerten, wenn der USD an diesem Tag mit Geldkurs 1,15 und Briefkurs 1,19 notiert?

a)	Bewertung zum höheren Briefkurs am 02.12.01 (1,26)	☐
b)	Bewertung zum Devisenkassamittelkurs am 02.12.01 (1,23)	☐
c)	Bewertung zum Höchstwert, also zum Briefkurs am 31.12.01 (1,19)	☐
d)	Bewertung zum Devisenkassamittelkurs am 31.12.01 (1,17)	☐

Aufgabe 136

Kreuzen Sie die richtige Aussage an.

> Bei korrekter Bewertung der obigen Verbindlichkeit a. LL (s. Aufgabe 134) zum Zeitpunkt ihrer Entstehung und zum Abschlussstichtag ergibt sich eine Differenz von 1.751,10 €. Diese Differenz ist zu buchen:

a)	Sonstige Aufwendungen an Verbindlichkeiten a. LL	☐
b)	Verbindlichkeiten a. LL an Sonstige Erträge	☐
c)	Sonstige Aufwendungen an Vorprodukte/Fremdbauteile	☐
d)	Es ist überhaupt keine Buchung zu veranlassen.	☐

Der Jahresabschluss der verschiedenen Unternehmungsformen

Kennzeichnen Sie die folgenden Aussagen mit dem richtigen Buchstaben.

A für **Erhöhung**

B für **Verminderung**

C für **keine Veränderung**

Welche Auswirkungen auf den Gewinn eines Unternehmens haben folgende Geschäftsfälle?	
Der nicht benötigte Teil einer Rückstellung wird aufgelöst.	
30.000,00 € werden einer Rücklage zugeführt.	
Es erfolgt eine Erhöhung der Pauschalwertberichtigung für Forderungen.	
Einkommensteuerzahlungen an das Finanzamt	
Die Grunderwerbsteuer für ein gekauftes Grundstück in Höhe von 10.000,00 € wird abgeführt.	
Es erfolgt die Rücksendung von unbrauchbaren Rohstoffen an den Lieferer.	
Ein Gesellschafter einer OHG macht während des Jahres eine Neueinlage in das Unternehmen über 20.000,00 € per Bankscheck.	
Für Prozesskosten wird eine Rückstellung gebildet.	

Kreuzen Sie die richtige Aussage an.

In einer OHG hat A einen Kapitalanteil von 60.000,00 €, B von 40.000,00 €. Der Reingewinn beträgt 20.000,00 €. Er ist nach den gesetzlichen Bestimmungen des HGB zu verteilen. Wie ist zu buchen?					
a)	GuV-Konto	20.000,00 €	an Kapitel A	10.000,00 €	
			an Kapital B	10,000,00 €	
b)	GuV-Konto	20.000,00 €	an Kapitel A	10.400,00 €	
			an Kapital B	9.600,00 €	
c)	GuV-Konto	20.000,00 €	an Kapital A	12.000,00 €	
			an Kapital B	8.000,00 €	
d)	Kapital A	10,400,00 €			
	Kapital B	9.600,00 €	an GuV-Konto	20.000,00 €	

Überprüfen Sie, welche der folgenden Aussagen richtig (r) und welche falsch (f) sind.

a)	Die offenen Rücklagen einer OHG werden allgemein auf der Passivseite der Bilanz ausgewiesen.	
b)	Ein Bilanzverlust bei einer OHG erscheint allgemein auf der Aktivseite der Bilanz.	
c)	Bilanzgewinne mehren bei der OHG die Kapitaleinlagen der Gesellschafter.	
d)	Der Bilanzverlust erscheint in der Bilanz der KG auf der Aktivseite.	
e)	Die Teilhafter einer KG verfügen über kein Privatkonto.	
f)	Rücklagen dienen der Sicherung und Erhaltung des Eigenkapitals einer Personengesellschaft.	

Aufgabe 140 | Überprüfen Sie, welche der folgenden Aussagen richtig (r) und welche falsch (f) sind.

a)	Der Verlust in einer OHG wird in der Bilanz immer als Verlustvortrag auf der Aktivseite ausgewiesen.
b)	In einer GmbH wird der Verlust bei den Kapitalanteilen der GmbH-Gesellschafter abgebucht.
c)	Der Verlust in einer OHG hat die Minderung der Kapitaleinlagen der Gesellschafter zur Folge.
d)	Der Gewinn in einer OHG mehrt die Kapitaleinlagen der Gesellschafter, wenn er nicht entnommen wird. Buchung: GuV-Konto an Kapitaleinlagen der Gesellschafter der OHG
e)	Der Verlust in einer KG mindert die Kapitaleinlage des Kommanditisten. Buchung: Kapitaleinlage Kommanditist an GuV-Konto
f)	Der Verlust in einer KG mindert die Kapitaleinlage des Komplementärs.
g)	Einzelunternehmen und Personengesellschaften wird vom Gesetzgeber kein Schema zur Aufstellung der Bilanz und der GuV-Rechnung vorgeschrieben.
h)	Das Bilanzrichtliniengesetz ist ein sog. Artikelgesetz, das jeweils den Änderungstext eines einzelnen Gesetzes enthält. Es greift in viele Gesetze ein (z. B. HGB, AktG, GmbHG, GenG).

Aufgabe 141 | Kreuzen Sie die richtige Aussage an.

Ein Kommanditist mit einer Kapitaleinlage von 20.000,00 € erleidet einen anteiligen Verlust von 4.000,00 €. Wie lautet die Buchung?				
a)	Kapitaleinlage Kommanditist	an	GuV-Konto	4.000,00 €
b)	Kasse	an	Kapitaleinlage Kommanditist	4.000,00 €
c)	GuV-Konto	an	Kapitaleinlage Kommanditist	4.000,00 €
d)	Sonstige Forderungen	an	GuV-Konto	4.000,00 €

Aufgabe 142 | Überprüfen Sie, welche der folgenden Aussagen richtig (r) und welche falsch (f) sind.

a)	Der Jahresabschluss des buchführungspflichtigen Kaufmanns besteht aus Bilanz und Gewinn- und Verlustrechnung.
b)	Der Vergleich des Vermögens am Jahresbeginn mit dem am Jahresende stellt keinen ordnungsgemäßen Jahresabschluss dar.
c)	Der Jahresabschluss ist vom Kaufmann bzw. bei Personengesellschaften von den persönlich haftenden Gesellschaftern mit Datum zu unterzeichnen.
d)	Der Jahresabschluss kann auch von Prokuristen unterzeichnet werden.
e)	Der Jahresabschluss bei Kapitelgesellschaften besteht aus Bilanz, GuV-Rechnung, Anhang sowie Lagebericht. Kapitalmarktorientierte Kapitalgesellschaften haben ihn um die Kapitalflussrechnung und den Eigenkapitalspiegel zu erweitern.

Aufgabe 143 | Kreuzen Sie die richtige(n) Aussage(n) an.

Welche Kaufleute haben eine Gewinn- und Verlustrechnung zum Ende des Geschäftsjahres aufzustellen?	
a)	nur Kapitalgesellschaften
b)	alle Kaufleute mit Ausnahme der in § 241 a HGB genannten
c)	Kleingewerbetreibende
d)	Handwerksbetriebe

© Winklers · Schmolke/Deitermann · Übungen zur Finanzbuchhaltung · 666392

Kreuzen Sie die richtige(n) Aussage(n) an.

Woraus setzt sich der Jahresabschluss der Einzelkaufleute und Personengesellschaften zusammen?

a) Schlussbilanz und GuV-Rechnung bilden den Jahresabschluss; Ausnahme siehe § 241 a HGB.

b) Der Jahresabschluss umfasst das Inventar, die Schlussbilanz und die GuV-Rechnung.

c) Der Jahresabschluss enthält die Eröffnungsbilanz, die Schlussbilanz und die GuV-Rechnung.

d) Die Schlussbilanz bildet den Jahresabschluss.

Kreuzen Sie die richtige(n) Aussage(n) an.

Von wem ist der Jahresabschluss zu unterzeichnen?

a) vom Prokuristen oder vom Unternehmer

b) bei Einzelunternehmen vom Inhaber (mit Datum)

c) von allen persönlich haftenden Gesellschaftern einer Personengesellschaft

d) vom Komplementär und den Kommanditisten einer KG

Kreuzen Sie die richtige(n) Aussage(n) an.

Welche Bestandteile enthält der Jahresabschluss der Kapitalgesellschaften?

a) Schlussbilanz und GuV-Rechnung

b) Der Jahresabschluss umfasst Schlussbilanz, GuV-Rechnung und Anhang.
Zusätzlich ist ein Lagebericht aufzustellen, bei kapitalmarktorientierten Kapitalgesellschaften
auch eine Kapitalflussrechnung und ein Eigenkapitalspiegel.

c) Zum Jahresabschluss gehören Schlussbilanz, GuV-Rechnung sowie Gesellschaftsvertrag mit Anhang.

d) Der Jahresabschluss umfasst Schlussbilanz, GuV-Rechnung und den Anhang.

Kreuzen Sie die richtige(n) Aussage(n) an.

Welche Bedeutung hat der Anhang im Jahresabschluss der Kapitalgesellschaften?

a) Er ist neben Schlussbilanz und GuV-Rechnung Abschlussbestandteil des Jahresabschlusses.

b) Er enthält den Geschäftsbericht.

c) Er soll Schlussbilanz sowie GuV-Rechnung in einzelnen Positionen näher erläutern.

d) Er enthält allgemeine Angaben zur Abschlussgliederung.

Kreuzen Sie die richtige(n) Aussage(n) an.

Was beinhaltet der Lagebericht beim Jahresabschluss der Kapitalgesellschaften?

a) Er enthält eine Darstellung des Geschäftsverlaufs und der Lage der Gesellschaft.

b) Er enthält die Abschreibungen zur Bildung stiller Reserven.

c) Er enthält allgemeine Angaben zur Jahresabschlussgliederung.

d) Er enthält die Gesamtbezüge der Gesellschaftsorgane.

Aufgabe 149

Kreuzen Sie die richtige(n) Aussage(n) an.

Welche Teile des Jahresabschlusses haben kleine Kapitalgesellschaften offenzulegen?	
a)	Kleine Kapitalgesellschaften haben Schlussbilanz, GuV-Rechnung mit Anhang zum Handelsregister einzureichen.	
b)	Kleine Kapitalgesellschaften brauchen nur die Bilanz (mit dem Jahresergebnis und seiner Verwendung) und den Anhang zum HR einreichen.	
c)	Kleine Kapitalgesellschaften haben Schlussbilanz, GuV-Rechnung und Lagebericht beim Registergericht einzureichen.	

Aufgabe 150

Kreuzen Sie die richtige(n) Aussage(n) an.

Welche besonderen Verpflichtungen haben mittelgroße und große Kapitalgesellschaften zu erfüllen?	
a)	Große Kapitalgesellschaften haben Jahresabschluss und Lagebericht durch Abschlussprüfer prüfen zu lassen.	
b)	Mittelgroße und große Kapitalgesellschaften haben Jahresabschluss mit Anhang und Lagebericht von Abschlussprüfern prüfen zu lassen.	
c)	Der Lagebericht unterliegt nicht der Abschlussprüfung.	
d)	Die Prüfer haben einen Bestätigungsvermerk zu erstellen und zu unterzeichnen.	

Aufgabe 151

Kreuzen Sie die richtige(n) Aussage(n) an.

Welche Merkmale muss eine Kapitalgesellschaft erfüllen, damit sie als „mittelgroßes Unternehmen" gilt?	
a)	Bis 19,25 Mio. € Bilanzsumme **und** bis 38,50 Mio. € Umsatz **und** bis 250 Beschäftigte.	
b)	Für die Zuordnung genügt es, wenn zwei der in a) genannten Merkmale zutreffen.	
c)	Zwei der in a) genannten Merkmale müssen an zwei aufeinanderfolgenden Bilanzstichtagen vorliegen.	
d)	Über 13,75 Mio. € Bilanzsumme **und** bis 250 Beschäftigte.	

Aufgabe 152

Kreuzen Sie die richtige(n) Aussage(n) an.

Für wen gilt das gesetzliche Bilanzgliederungsschema nach § 266 HGB?	
a)	Es gilt für Einzelhandelskaufleute und Personengesellschaften.	
b)	Es gilt für mittelgroße und große Kapitalgesellschaften.	
c)	Es gilt für alle Kapitalgesellschaften.	
d)	Es gilt nur für große Kapitalgesellschaften.	

Aufgabe 153

Kreuzen Sie die richtige(n) Aussage(n) an.

Welche Posten umfasst das Eigenkapital in der Bilanz?	
a)	Grundkapital, Kapitalrücklagen und Gewinnrücklagen	
b)	gezeichnetes Kapital, Kapital- und Gewinnrücklagen, Gewinn-/Verlustvortrag, Jahresüberschuss/Jahresfehlbetrag	
c)	Stammkapital und Kapitalrücklagen	
d)	Grundkapital und Gewinnrücklagen	

© Winklers · Schmolke/Deitermann · Übungen zur Finanzbuchhaltung · 666394

Kreuzen Sie die richtige(n) Aussage(n) an.   **Aufgabe 154**

Welche gesetzlichen Verpflichtungen haben Gesellschaften mit beschränkter Haftung beim Jahresabschluss zu erfüllen?

a) Alle GmbHs haben einen Jahresabschluss mit Lagebericht und Vorschlag bzw. Beschluss über die Gewinnverwendung aufzustellen.

b) Alle kleinen Gesellschaften mit beschränkter Haftung genießen hinsichtlich der Publizität die gleichen Erleichterungen wie kleine AGs.

c) Alle GmbHs müssen ihre Rechnungslegung durch Abschlussprüfer prüfen lassen.

d) Kleine GmbHs müssen ihre Gewinn- und Verlustrechnung veröffentlichen.

Kreuzen Sie die richtige(n) Aussage(n) an.   **Aufgabe 155**

Erklären Sie die Bilanzposition „Gezeichnetes Kapital".

a) Gezeichnetes Kapital ist in der Bilanz der AG das Grundkapital, in der Bilanz der GmbH das Stammkapital.

b) Gezeichnetes Kapital ist das im Handelsregister eingetragene Kapital abzüglich der ausstehenden Einlagen.

c) Gezeichnetes Kapital ist das Kapital, auf das die Haftung der Gesellschafter gegenüber den Gläubigern beschränkt ist.

d) Gezeichnetes Kapital umfasst das Eigenkapital mit den Gewinnrücklagen.

Kreuzen Sie die richtige(n) Aussage(n) an.   **Aufgabe 156**

Erklären Sie die Bilanzposition „Kapitalrücklage".

a) Kapitalrücklage ist die Gewinnrücklage des Vorjahres.

b) Kapitalrücklagen entstehen aus von außen zugeflossenen Eigenmitteln.

c) Kapitalrücklagen entstehen aus dem Aufgeld (Agio) bei einer Erhöhung des gezeichneten Kapitals.

d) Kapitalrücklage ist eine Gewinnrücklage im laufenden Geschäftsjahr.

Kreuzen Sie die richtige(n) Aussage(n) an.   **Aufgabe 157**

Erklären Sie die Bilanzposition „Gewinnrücklagen".

a) Rücklagen, die aus dem Ergebnis, also aus dem Gewinn, gebildet werden

b) Einstellungen in die für die AG vorgeschriebene gesetzliche Rücklage

c) Rücklagen, die durch ein Aufgeld bei der Ausgabe von Aktien über dem Nennwert entstehen

d) satzungsmäßige Rücklagen, also zweckgebundene Rücklagen

Kreuzen Sie die richtige(n) Aussage(n) an.   **Aufgabe 158**

Wo ist die Position „Jahresüberschuss/Jahresfehlbetrag" auszuweisen?

a) Vor Ergebnisverwendung erscheint dieser Posten in der Bilanz (als Unterposten des Eigenkapitals) und in der Gewinn- und Verlustrechnung.

b) Dieser Posten erscheint nur in der Gewinn- und Verlustrechnung.

c) Dieser Posten geht im Posten „Gezeichnetes Kapital" unter.

d) Vor Ergebnisverwendung erscheint dieser Posten nur in der Bilanz.

Aufgabe 159

Kennzeichnen Sie die folgenden Aussagen mit dem richtigen Buchstaben.

A = Gesamtkostenverfahren

B = Umsatzkostenverfahren

C = falsche Aussage

Welche der Beschreibungen trifft auf die Gewinn- und Verlustrechnung nach dem Gesamtkostenverfahren, welche auf die GuV-Rechnung nach dem Umsatzkostenverfahren zu?	
Die Gesamtleistung des Unternehmens für eine Rechnungsperiode wird ermittelt und den Kosten derselben Rechnungsperiode gegenübergestellt.	
Den Umsatzerlösen einer Rechnungsperiode werden die Selbstkosten dieser Periode gegenübergestellt.	
Die Bestandsveränderungen an fertigen und unfertigen Erzeugnissen erscheinen am Jahresende nur in der Bilanz, nicht in der GuV-Rechnung.	
Die Bestandsveränderungen werden nur in der GuV-Rechnung erfasst.	
Umsatzkostenverfahren und Gesamtkostenverfahren unterscheiden sich nur in der Gliederung der Kostenarten voneinander.	

Aufgabe 160

Überprüfen Sie, welche der folgenden Aussagen richtig (r) und welche falsch (f) sind.

a)	Einzelkaufleute und Personengesellschaften haben den Jahresabschluss in deutscher Sprache und in Euro aufzustellen.	
b)	In der KG haben auch Kommanditisten den Jahresabschluss zu unterzeichnen.	
c)	Personengesellschaften haben nach HGB den Jahresabschluss offenzulegen und prüfen zu lassen.	
d)	Einzelkaufleute haben eine gesetzlich vorgeschriebene Gliederung der Bilanz zu beachten.	
e)	Für große Kapitalgesellschaften ist Bundesanzeigerpublizität vorgeschrieben: Der Jahresabschluss ist mit Anhang, Lagebericht, Ergebnisverwendung und nach Pflichtprüfung durch Abschlussprüfer im Bundesanzeiger zu veröffentlichen.	

Aufgabe 161

Kapitalmarktorientierte Kapitalgesellschaften haben ihren Jahresabschluss zusätzlich zur Bilanz, zur Gewinn- und Verlustrechnung und zum Lagebericht um eine Kapitalflussrechnung zu ergänzen. Die nachfolgenden Angaben zur Erstellung einer solchen Rechnung liegen vor.

Bestimmen Sie die Summe der Zahlungsströme.

Jahresüberschuss	3.200.000,00 €
Abschreibungen auf Gegenstände des Anlagevermögens	420.000,00 €
Zuführung zu den Rückstellungen	100.000,00 €
Gewinne aus Anlagenabgängen	50.000,00 €
Zunahme an Forderungen a. LL und Vorräten	200.000,00 €
Zunahme an Verbindlichkeiten a. LL	80.000,00 €
Anschaffung von Gegenständen des Anlagevermögens	330.000,00 €
Tilgung von Darlehen	220.000,00 €

Kreuzen Sie die richtige Aussage an.

a)	Die Summe der Zahlungsströme beträgt 4.600.000,00 €.	
b)	Die Summe der Zahlungsströme beträgt 2.160.000,00 €.	
c)	Die Summe der Zahlungsströme beträgt 3.000.000,00 €.	
d)	Die Summe der Zahlungsströme beträgt 2.640.000,00 €.	

© Winklers · Schmolke/Deitermann · Übungen zur Finanzbuchhaltung · 666396

Auswertung des Jahresabschlusses

Anlagenspiegel eines Anlagegutes

Aufgabe 162

Erläuterungen: Die Textilgeräte-GmbH erwirbt im Januar .. eine Fertigungsmaschine für 100.000,00 € (5 Jahre Nutzungsdauer, lineare Abschreibung). Diese Maschine wird erst im 6. Jahr verschrottet.

Im Anlagenspiegel (Anlagengitter, siehe unten) ergibt der Saldo der Spalten 1 bis 6 den Buchwert am Ende des jeweiligen Geschäftsjahres (Spalte 7). Die Spalten 8 und 9 haben erläuternden Charakter.

Spalte 1 weist jeweils den Stand zu Anfang des Geschäftsjahres aus, d. h., der im 1. Jahr erfolgte Zugang von 100.000,00 € (Spalte 2) erscheint erst im 2. Jahr in Spalte 1, sodass sich das Ausscheiden des Anlagegutes in Spalte 1 erst im 6. Jahr auswirkt.

Solange ein Anlagegegenstand betrieblich genutzt wird, muss er im Anlagenspiegel erscheinen. Geringwertige Wirtschaftsgüter werden gesondert erfasst.

Aufgabe: Setzen Sie im Anlagenspiegel für die Jahre 3 bis 6 die richtigen Zahlen ein.

Entwicklung des Anlagenspiegels für die Bilanzposten C. III. 4: Maschinen

Jahr	Historische AK oder HK	Zugänge	Abgänge	Um-buchungen	Abschrei-bungen kumuliert	Zuschrei-bungen	Buchwert 31. Dez. des Abschluss-jahres	Buchwert 31. Dez. des Vorjahres	Abschrei-bungen des Abschluss-jahres
	1	2	3	4	5	6	7	8	9
1		100.000,00 €			20.000,00 €		80.000,00 €	—	20.000,00 €
2	100.000,00 €	—	—	—	40.000,00 €	—	60.000,00 €	80.000,00 €	20.000,00 €
3									
4									
5									
6									

Kreuzen Sie die richtige(n) Aussage(n) an.

a) Der im 1. Jahr erfolgte Zugang (100.000,00 €; Spalte 2) erscheint erst im 2. Jahr zu Beginn des Geschäftsjahres in Spalte 1. ☐

b) Das Ausscheiden des Anlagegutes am Ende des 5. Jahres wirkt sich im Anlagenspiegel erst im 6. Jahr aus. ☐

c) Ende des 5. Jahres beträgt der Buchwert (Spalte 7) 20.000,00 €. ☐

d) Ende des 6. Jahres ist in Spalte 3 (Abgänge) der Betrag von 100.000,00 € zu buchen. ☐

Aufgabe 163

Im 2. Nutzungsjahr der Maschine (s. Aufgabe 162) lässt der Hersteller ein neues Antriebssystem für diese Maschine patentieren, was zu einer voraussichtlich dauernden Wertminderung der gekauften Fertigungsmaschine von 10.000,00 € führt. Im 4. Nutzungsjahr stellt sich heraus, dass das neue Antriebssystem nicht auf dem Markt eingeführt wird.

Kreuzen Sie die richtige Aussage an.

a) Ende des 2. Jahres ist eine außerplanmäßige Abschreibung von 10.000,00 € auf die Fertigungsmaschine vorzunehmen. Am Ende des 4. Jahres muss die außerplanmäßige Abschreibung durch eine Zuschreibung um 10.000,00 € rückgängig gemacht werden. ☐

b) Ende des 2. Jahres ist eine außerplanmäßige Abschreibung von 10.000,00 € auf die Fertigungsmaschine vorzunehmen. Am Ende des 4. Jahres darf der niedrigere Wert beibehalten werden. ☐

Die Bewertung der Vermögensgegenstände und Schulden in der Jahresbilanz

Aufgabe 164

Kreuzen Sie die richtige(n) Aussage(n) an.

Wo finden wir handelsrechtliche Bestimmungen für den Wertansatz der einzelnen Vermögensteile und Schulden in der Bilanz?	
a) im Einkommensteuergesetz	
b) im HGB	
c) im BGB	
d) in der Abgabenordnung (AO)	

Aufgabe 165

Kreuzen Sie die richtige(n) Aussage(n) an.

Wo sind die steuerrechtlichen Bewertungsvorschriften für die Bilanzierung verankert?	
a) in der Abgabenordnung (AO)	
b) im Einkommensteuergesetz	
c) im Aktiengesetz	
d) im Bewertungsgesetz	

Aufgabe 166

Kreuzen Sie die richtige(n) Aussage(n) an.

Mit welchem Wert ist das abnutzbare Anlagevermögen in der Bilanz anzusetzen?	
a) Anschaffungs- oder Herstellungskosten, vermindert um die Abschreibungen	
b) mit dem Niederstwert	
c) mit dem Höchstwert	
d) mit dem Marktpreis	

Aufgabe 167

Kreuzen Sie die richtige(n) Aussage(n) an.

Mit welchem Wert ist das Umlaufvermögen in der Bilanz einzusetzen?	
a) Anschaffungs- oder Herstellungskosten	
b) Marktpreis	
c) Höchstwert	
d) Niederstwert, entweder Anschaffungs- oder Herstellungskosten oder niedrigerer Börsen- oder Marktpreis	

Roh- und Hilfsstoffe, die für 20.000,00 € angeschafft wurden, sind zum Bilanzstichtag noch vorhanden. Am Bilanzstichtag beträgt ihr Marktpreis 24.000,00 €.
Mit welchem Wert sind sie in der Bilanz anzusetzen?

Aufgabe 168

€

Rohstoffe sind im Wert von 23.000,00 € angeschafft worden und noch im Lager vorhanden. Am Bilanzstichtag beträgt ihr Marktpreis 20.000,00 €.
Mit welchem Wert sind sie in der Bilanz anzusetzen?

Aufgabe 169

€

Kreuzen Sie die richtige(n) Aussage(n) an.

Aufgabe 170

Mit welchem Wert werden Wertpapiere in die Schlussbilanz eingesetzt, wenn sie zu den Finanzanlagen gehören und wenn sie zum Umlaufvermögen gehören?	
a)	Wertpapiere in den Finanzanlagen und im Umlaufvermögen werden immer zu Anschaffungskosten eingesetzt.	
b)	Wertpapiere in den Finanzanlagen und im Umlaufvermögen werden immer zum niederen Wert zwischen Anschaffungskosten und Börsenkurs eingesetzt.	
c)	Wertpapiere in den Finanzanlagen sind nach dem gemilderten Niederswertprinzip, die des Umlaufvermögens nach dem strengen Niederstwertprinzip zu bewerten.	
d)	Wertpapiere in den Finanzanlagen werden zum Börsenkurs am Bilanzstichtag, Wertpapiere des Umlaufvermögens zum niederen Wert zwischen Anschaffungskosten und Börsenkurs eingesetzt.	

Kreuzen Sie die richtige(n) Aussage(n) an.

Aufgabe 171

Können bei Wertpapieren Abschreibungen zum Bilanzstichtag vorgenommen werden?	
a)	Ja, wenn es sich um Wertpapiere des Umlaufvermögens handelt.	
b)	Nein, wenn es sich um Wertpapiere des Umlaufvermögens handelt.	
c)	Ja, wenn es sich um Wertpapiere der Finanzanlagen handelt.	
d)	überhaupt nicht	

Kreuzen Sie die richtige(n) Aussage(n) an.

Aufgabe 172

Zu welchem Wert sind die Forderungen in der Bilanz einzusetzen?	
a)	Höchstwert	
b)	Nach HGB sind die einwandfreien Forderungen mit ihrem Nennwert, die zweifelhaften mit ihrem wahrscheinlichen Wert anzusetzen, die uneinbringlichen Forderungen sind abzuschreiben.	
c)	alle Forderungen zum Nennwert	
d)	alle Forderungen zum niedrigeren Wert zwischen Anschaffungs- und Tageswert	

Aufgabe 173

Kreuzen Sie die richtige(n) Aussage(n) an.

Zu welchem Wert sind Eigenleistungen (z. B. selbst hergestellte Maschinen) in die Bilanz einzusetzen?	
a)	zum Selbstkostenpreis	
b)	zu Herstellungskosten	
c)	zu Anschaffungskosten	
d)	zum wahrscheinlichen Verkaufspreis	

Aufgabe 174

Artikel, die im eigenen Betrieb für 10,00 € Herstellkosten produziert werden, werden auf dem Absatzmarkt zu 9,00 € gehandelt.
Zu welchem Wert sind Vorräte dieser Artikel in der Bilanz einzusetzen?

	€

Aufgabe 175

Kreuzen Sie die richtige(n) Aussage(n) an.

Warum dürfen Vermögensgegenstände der Schlussbilanz nicht höher als in der Eröffnungsbilanz bewertet werden?	
a)	Bilanzidentität	
b)	Bilanzwahrheit	
c)	Bilanzklarheit	
d)	Einkommensteuergesetz	

Aufgabe 176

Kreuzen Sie die richtige(n) Aussage(n) an.

Mit welchem Wert sind Schulden in die Bilanz einzusetzen?	
a)	mit dem jetzigen Wert	
b)	mit dem Erfüllungsbetrag	
c)	mit dem Anschaffungswert	
d)	mit dem Marktwert	

Aufgabe 177

Kreuzen Sie die richtige(n) Aussage(n) an.

Eine Industrieobligation wird von einem Unternehmen zu 99 % ausgegeben. Sie wird nach 10 Jahren zu einem Kurs von 109 % zurückgezahlt. Mit welchem Wert ist sie im 1. Jahr in der Bilanz anzusetzen?	
a)	99 %	
b)	109 %	
c)	109 % + aktive Rechnungsabgrenzung 10 %	
d)	Börsenkurs zum Bilanzstichtag	

Betriebswirtschaftliche Auswertung des Jahresabschlusses

Aktiva			Bilanz		Passiva
	Vorjahr	Berichtsjahr		Vorjahr	Berichtsjahr
I. Anlagevermögen	450.000,00 €	500.000,00 €	I. Eigenkapital	500.000,00 €	600.000,00 €
II. Umlaufvermögen			II. Fremdkapital		
1. Vorräte	180.000,00 €	200.000,00 €	1. langfristig	250.000,00 €	200.000,00 €
2. Forderungen a. LL	130.000,00 €	120.000,00 €	2. kurzfristig	100.000,00 €	100.000,00 €
3. Flüssige Mittel (Kasse, Postbank, Bank)	90.000,00 €	80.000,00 €			
	850.000,00 €	900.000,00 €		850.000,00 €	900.000,00 €

Errechnen Sie aufgrund der oben angegebenen Bilanzzahlen die folgenden Kennzahlen.   **Aufgabe 178**

		Vorjahr %	Berichtsjahr %
a)	Grad der finanziellen Unabhängigkeit		
b)	Grad der Verschuldung		
c)	Anteil des langfristigen Fremdkapitals		
d)	Anteil des kurzfristigen Fremdkapitals		
e)	Deckungsgrad I		
f)	Deckungsgrad II		
g)	Liquidität I		
h)	Liquidität II		
i)	Liquidität III		
j)	Anteil des Anlagevermögens		
k)	Anteil des Umlaufvermögens		
l)	Anteil der Vorräte		
m)	Anteil der Forderungen		
n)	Anteil der flüssigen Mittel		

Aufgabe 179 Kreuzen Sie die richtige(n) Aussage(n) an.

Wie beurteilen Sie die Liquidität des Unternehmens aufgrund der o. a. Bilanz?	
a)	Die flüssigen Mittel decken nicht die kurzfristigen Verbindlichkeiten, es müssen die bedingt flüssigen Mittel zur Deckung der kurzfristigen Verbindlichkeiten herangezogen werden.	
b)	Die Liquidität ist besonders gut, da die flüssigen Mittel bereits mehr als die Hälfte der kurzfristigen Verbindlichkeiten decken.	
c)	Die Liquidität ist besonders ungünstig, da die flüssigen Mittel bei Weitem nicht das Fremdkapital decken.	
d)	Die Liquidität ist günstig, da die flüssigen Mittel sehr hoch sind.	

Aufgabe 180 Kreuzen Sie die richtige(n) Aussage(n) an.

Welche Möglichkeiten hat der Unternehmer, die Finanzierung seines Unternehmens zu verbessern?	
a)	durch Erhöhung des Fremdkapitals (z. B. Aufnahme von Darlehen)	
b)	durch höhere Vorratshaltung (unfertige und fertige Erzeugnisse)	
c)	durch Erhöhung des Eigenkapitals, Abbau des Fremdkapitals und keine Gewinnausschüttung	
d)	durch Neuinvestitionen von Anlagevermögen	

Aufgabe 181 Kreuzen Sie die richtige(n) Aussage(n) an.

Ein Unternehmer hat einen großen Teil seines Anlagevermögens mit einem kurzfristigen Bankkredit finanziert. Wie beurteilen Sie das?	
a)	positiv, wenn kurzfristige Bankkredite ständig erneuert werden	
b)	positiv, wenn der Zinssatz für kurzfristige Kredite niedrig ist	
c)	negativ, da Anlagevermögen als langfristige Investition nur langfristig finanziert werden darf	
d)	positiv, wenn der Anteil der kurzfristigen Bankkredite bisher gering ist	

Aufgabe 182 Kreuzen Sie die richtige(n) Aussage(n) an.

Welche Gefahr liegt in einer zu geringen Eigenkapitalausstattung eines Industrieunternehmens?	
a)	keine, da die Kreditwürdigkeit nicht darunter leidet	
b)	nicht ausreichende Deckung des Anlagevermögens durch Eigenkapital	
c)	keine, wenn genügend Fremdkapital zur Verfügung steht	
d)	keine, da für Eigenkapital keine Zinsen zu zahlen sind	

Aufgabe 183 Kreuzen Sie die richtige(n) Aussage(n) an.

Welche Möglichkeiten hat der Unternehmer, um die Liquidität zu verbessern?	
a)	Rückstellungen abbauen	
b)	Rücklagen erhöhen	
c)	mittelfristige Bankkredite aufnehmen	
d)	Kürzung der Kundenkreditdauer	

© Winklers · Schmolke/Deitermann · Übungen zur Finanzbuchhaltung · 6663102

Kreuzen Sie die richtige(n) Aussage(n) an.

Der Bestand an flüssigen Mitteln ist im Verhältnis zu hoch. Was empfehlen Sie dem Unternehmen?

a) Vorratsvermögen abbauen

b) vorübergehende zinsbringende Anlage des Geldes

c) keine Ausnutzung des Lieferantenskontos

d) Zuführung der überschüssigen Beträge in die Rücklagen

Kreuzen Sie die richtige(n) Aussage(n) an.

Wann ist es für ein Unternehmen vorteilhaft, Fremdkapital aufzunehmen?

a) wenn genügend flüssige Mittel vorhanden sind

b) wenn der Gewinn, der mit dem Fremdkapital erzielt wird, höher ist als der Zinsaufwand

c) wenn die Finanzierung krisenfester gestaltet werden soll

d) wenn das Verhältnis des Eigenkapitals zum Anlagevermögen günstiger werden soll

Kreuzen Sie die richtige(n) Aussage(n) an.

Wie errechnet man die Unternehmerrentabilität?

a)
$$\text{Unternehmerrentabilität} = \frac{\text{Unternehmergewinn} \cdot 100\,\%}{\text{Eigenkapital}}$$

b)
$$\text{Unternehmerrentabilität} = \frac{(\text{Eigenkapital} + \text{Gewinn}) \cdot 100\,\%}{\text{Gesamtkapital}}$$

Wie errechnet man die Unternehmungsrentabilität?

a)
$$\text{Unternehmungsrentabilität} = \frac{\text{Jahresgewinn} \cdot 100\,\%}{\text{Gesamtkapital}}$$

b)
$$\text{Unternehmungsrentabilität} = \frac{(\text{Unternehmergewinn} + \text{Fremdkapitalzinsen}) \cdot 100\,\%}{\text{Gesamtkapital}}$$

Ein Industrieunternehmen hat ein Eigenkapital von 800.000,00 € und ein Fremdkapital von 200.000,00 €. Der Unternehmergewinn beträgt 238.000,00 €, die Zinsen für das Fremdkapital 12.000,00 €. Wie hoch ist die Unternehmungsrentabilität?

Unternehmungsrentabilität (Formel)	= _____	
Unternehmungsrentabilität (Rechnung)	= _____	= _____ %

Aufgabe 188

Der Schlussbestand an fertigen Erzeugnissen beträgt 35.000,00 €, der Anfangsbestand 25.000,00 €. Wie hoch ist der Durchschnittsbestand an fertigen Erzeugnissen?

Durchschnitts-bestand (Formel)	=		
Durchschnitts-bestand (Rechnung)	=		=	€

Aufgabe 189

Errechnen Sie die Lagerumschlagshäufigkeit, wenn der Umsatz zu Einstandspreisen 240.000,00 € und der durchschnittliche Lagerbestand 48.000,00 € betragen.

Lagerumschlags-häufigkeit (Formel)	=		
Lagerumschlags-häufigkeit (Rechnung)	=		=

Aufgabe 190

Aktiva			Bilanz (Zahlen in Tausend €)			Passiva
	Vorjahr	Berichtsjahr			Vorjahr	Berichtsjahr
I. Anlagevermögen	500	550	I. Eigenkapital		600	500
II. Umlaufvermögen			II. Fremdkapital			
1. Vorräte	200	150	1. langfristig		200	260
2. Forderungen a. LL	120	50	2. kurzfristig		100	90
3. Flüssige Mittel (Kasse, Postbank, Bank)	80	100				
	900	850			900	850

a) Kreuzen Sie die richtige(n) Aussage(n) an.

Beurteilen Sie die Finanzierung im Berichtsjahr im Vergleich zum Vorjahr.	
1) Die Finanzierung hat sich verschlechtert, da der Anteil an Fremdkapital gewachsen ist.	
2) Die Finanzierung hat sich gebessert, da das Anlagevermögen gewachsen ist.	
3) Die Finanzierung hat sich nicht verändert.	
4) Die Finanzierung ist günstiger, da das langfristige Fremdkapital gewachsen ist.	

b) Kreuzen Sie die richtige(n) Aussage(n) an.

Beurteilen Sie die Investierung im Berichtsjahr im Vergleich zum Vorjahr.	
a) Die Investierung ist günstiger geworden, da das Anlagevermögen gewachsen ist.	
b) Die Investierung ist ungünstiger geworden, da das Eigenkapital nicht mehr das Anlagevermögen deckt.	
c) Die Investierung ist besser geworden, da mehr langfristiges Fremdkapital im Anlagevermögen vorhanden ist.	
d) Die Investierung ist günstiger geworden, da das Umlaufvermögen sich im Verhältnis zum Anlagevermögen vermindert hat.	
e) Die Investierung ist ungünstiger geworden, da das Eigenkapital sich im Verhältnis zum Gesamtkapital verringert hat.	

Zusammenfassende Aufgabe zur Finanzbuchhaltung

In dieser Übungsaufgabe erstellt das beschriebene Unternehmen neben dem gesetzlich vorgeschriebenen Jahresabschluss darüber hinaus monatliche Abschlüsse in exakt derselben Form.

Führen Sie für den Monat Mai alle notwendigen buchhalterischen Tätigkeiten durch (Grund- und Hauptbuch inklusive EBK, Monatsabschlussarbeiten, SBK und SB).

Zusammenfassende Aufgabe (191) zur Finanzbuchhaltung

Informationen zum Unternehmen

Name:	Fertighausbau A. Diesing e. K.
Inhaber:	Andreas Diesing
Geschäftssitz:	Kanalstraße 43, 23552 Lübeck
Bankverbindungen:	Sparkasse zu Lübeck
	Postbank Hamburg
Mitarbeiter:	28 Arbeiter
	4 Angestellte

Produkte

Einfamilienhäuser		Doppelhäuser	
Typ	**Listenpreis (netto)**	**Typ**	**Listenpreis (netto)**
Typ I (Grundausstattung)	130.000,00 €	Typ I (Grundausstattung)	230.000,00 €
Typ II (Normalausstattung)	180.000,00 €	Typ II (Normalausstattung)	280.000,00 €
Typ III (Luxusausstattung)	240.000,00 €	Typ III (Luxusausstattung)	340.000,00 €

Die Produktion aller Innen- und Außenwände erfolgt auf dem Gelände der Firma Fertighausbau, nur die Endmontage findet auf den Grundstücken statt.

In allen Kaufverträgen wird vereinbart, den Kaufpreis in drei Raten – jeweils während der einzelnen Bauabschnitte – zu zahlen (20 % für Bauabschnitt I, 40 % für Bauabschnitt II und 40 % für Bauabschnitt III).

Erst nach einer Bestätigung der Bank des Käufers wird mit dem Bau begonnen. Deshalb besteht kein Ausfallrisiko der Forderungen.

Werkstoffe

Rohstoffe	Vorprodukte/Fremdbauteile	Hilfsstoffe	Betriebsstoffe
Steine	Fenster	Schrauben	Strom
Dachziegel	Türen	Nägel	Gas
Beton	Heizungsanlagen	Farben	Wasser
Holz	Badelemente	Leim	Schmierstoffe
	Einbauküchen	Montageschaum	

Personalkosten (inklusive Auszubildender)

Bruttolöhne:	83.200,00 €	Bruttogehälter:	12.500,00 €
AG-Anteil Sozialversicherung	17.400,00 €	AG-Anteil Sozialversicherung	2.800,00 €
AN-Anteil Sozialversicherung	16.100,00 €	AN-Anteil Sozialversicherung	2.700,00 €
Steuerabzüge	10.900,00 €	Steuerabzüge	2.100,00 €

Die Sozialversicherung setzt sich aus der Krankenversicherung, der Rentenversicherung, der Arbeitslosenversicherung und der Pflegeversicherung zusammen. Beim Arbeitgeberanteil ist zudem die Unfallversicherung mit inbegriffen.

Aktiva		Eröffnungsbilanz 1. Mai		Passiva
I. Anlagevermögen:			**I. Eigenkapital:**	911.120,00
Grundstücke und Bauten	180.000,00		**II. Rückstellungen:**	
Technische Anlagen und Maschinen	180.000,00		Steuerrückstellungen	6.000,00
Betriebs- und Geschäftsstattung	42.000,00		Sonstige Rückstellungen	280.000,00
Fuhrpark	350.000,00		**III. Fremdkapital:**	
GWG-Sammelposten 01	2.000,00		Hypothekenschulden	220.000,00
GWG-Sammelposten 02	1.920,00		Darlehensschulden	60.000,00
GWG-Sammelposten 03	1.680,00		Verbindlichkeiten a. LL	18.400,00
II. Umlaufvermögen:			Umsatzsteuer	6.500,00
Hilfsstoffe	28.000,00		Sonstige Verb. ggü. Finanzbehörden	13.000,00
Betriebsstoffe	42.000,00		Sonstige Verbindlichkeiten	12.200,00
Unfertige Erzeugnisse	20.000,00			
Forderungen a. LL	452.200,00			
Sozialversicherungsvorauszahlung	39.000,00			
Sonstige Forderungen	4.000,00			
Kasse	9.300,00			
Bank	23.200,00			
Postbank	150.000,00			
III. Rechnungsabgrenzungsposten:				
Aktive Rechnungsabgrenzung	1.920,00			
	1.527.220,00			**1.527.220,00**

Geschäftsfälle

1. 02.05. Banküberweisung der einbehaltenen und noch abzuführenden Steuerabzüge
2. 03.05. Überweisung der Umsatzsteuerzahllast über Postbankkonto
3. 03.05. Kunde bezahlt fällige Rechnung unter Abzug von 2 % Skonto, Bankgutschrift in Höhe von 174.930,00 €
4. 05.05. Zielkauf von Dachstützbalken im Nettowert von 80.000,00 €
5. 05.05. Banklastschrift für Hypothekenzinsen der letzten drei Monate in Höhe von 9.000,00 €
6. 07.05. Nach genauer Prüfung der Dachstützbalken schicken wir wegen mangelnder Qualität die Hälfte zurück und erhalten darüber hinaus für die verbleibenden Werkstoffe 20 % Rabatt.

   Der noch fällige Betrag wird unter Abzug von 2 % Skonto überwiesen.
7. 09.05. Bankgutschrift in Höhe von 6.000,00 € für nachträglich gezahlte Miete (Februar bis April)
8. 09.05. Kauf eines Lkw für brutto 71.400,00 € mit einer Baranzahlung von 5.000,00 €, der restliche Betrag wird mit einem Bankscheck bezahlt.
9. 10.05. 952,00 € werden bar ausgezahlt an den Spediteur für die Anlieferung des Lkw.
10. 12.05. Erhalt eines Bescheides über Gerichtsgebühren in Höhe von 8.500,00 € für einen Prozess aus dem letzten Jahr. Der zu zahlende Betrag wird vom Postbankkonto überwiesen.

    Einkalkuliert hatten wir einen Betrag von 9.000,00 €.
11. 14.05. Gegen EC-Bankzahlung kaufen wir für eine Baustelle 100 Fenster à 20 kg zum Nettostückpreis von 85,00 € und für jedes Fenster eine 1000-Gramm-Packung Spezialmontageschaum zum Nettostückpreis 7,50 €.

    Auch die Anlieferungskosten werden direkt mit abgebucht, bestehend aus Frachtkosten von netto 315,00 € und Versicherung netto 185,00 €.
12. 15.05. Zielverkauf eines Einfamilienfertigbauhauses Typ III, Ausgangsrechnung für den Bauabschnitt I.
13. 15.05. Einen nicht mehr benötigten Pkw mit einem Buchwert in Höhe von 3.000,00 € übernimmt der Inhaber für den privaten Gebrauch (Tageswert: 6.000,00 €).
14. 16.05. Aus einem im Februar getätigten Verkauf eines Einfamilienhauses Typ II entsteht eine Garantieleistung. Deshalb erhält der Kunde von unserem Bankkonto einen Preisnachlass von 3.500,00 € zuzüglich Umsatzsteuer überwiesen. Über diese Garantieleistung hinaus bestehen aus dem Vertrag keine weiteren Garantieleistungen mehr.

    Für erwartete Garantieleistungen hatten wir eine Rückstellung von 14.400,00 € gebildet.

15.	17.05.	Laut ME wurden Schrauben, Nägel und Farben im Wert von 4.500,00 € entnommen und auf einer Baustelle verarbeitet.
16.	20.05.	Für den Kauf einer neuen Maschine im Nettowert von 145.000,00 € geben wir unsere alte für netto 20.000,00 € in Zahlung und zahlen den Restbetrag per EC-Postbank. Der Buchwert der alten Maschine betrug am 1. Mai 8.000,00 €.
17.	23.05.	Ausgangsrechnung für Bauabschnitt II eines Doppelhauses vom Typ III
18.	23.05.	Bankgutschrift einer Ausgangsrechnung für Bauabschnitt I über 5 Doppelhäuser Typ I
19.	24.05.	Für einen unserer Büroräume werden drei Einbauschränke von uns erstellt. Zu diesem Zweck werden Rohstoffe im Nettowert von 2.000,00 € bar eingekauft. Darüber hinaus werden Hilfsstoffe für 300,00 € aus dem Lager entnommen und es fallen Lohnkosten in Höhe von 800,00 € an.
20.	24.05.	Ausgangsrechnung für ein Doppelhaus Typ II, Bauabschnitt II
21.	25.05.	Barkauf von Büromaterial in Höhe von 200,00 € zuzüglich Umsatzsteuer
22.	26.05.	Überweisung der Löhne und Gehälter
23.	28.05.	Abbuchung der Sozialversicherung für Juni

Zum Monatsabschluss sind noch folgende Sachverhalte zu berücksichtigen:

1. Der neu angeschaffte Lkw soll nach Leistung abgeschrieben werden. Die Gesamtleistung wird auf 250 000 km geschätzt. In diesem Monat ist der Lkw 2 000 km gefahren worden.

2. Für die neue Maschine ist eine Nutzungsdauer von 10 Jahren vorgeschrieben. Sie soll linear abgeschrieben werden.

3. **Planmäßige Abschreibungen des Jahres:**
   - Technische Anlagen und Maschinen — 24.000,00 €
   - Betriebs- und Geschäftsausstattung — 18.000,00 €
   - Fuhrpark — 15.000,00 €

4. Die Darlehenszinsen in Höhe von 4.800,00 € werden für das gesamte Jahr im Dezember fällig.

5. Es liegt ein Kassenfehlbetrag mit ungeklärter Ursache in Höhe von 500,00 € vor.

6. Versicherungsbeiträge in Höhe von 5.760,00 € wurden im Januar für ein halbes Jahr im Voraus gezahlt.

7. Für das gesamte Jahr rechnen wir mit einer Gewerbesteuer in Höhe von 18.000,00 €.

8. Für die Geringwertigen Wirtschaftsgüter wurde die folgende Auflistung erstellt:

Sammelkonto	Anfangsbestand	jährliche Abschreibung
Nr. 01) Sammelkonto 0891	6.000,00 €	1.200,00 €
Nr. 02) Sammelkonto 0892	3.600,00 €	720,00 €
Nr. 03) Sammelkonto 0893	2.100,00 €	

Der Anfangsbestand des Sammelkontos 0893 setzt sich aus den Zuführungen der Monate Januar bis April zusammen, abgeschrieben wird nur die jeweilige Zuführung des Monats.

9. Für jeden getätigten Hausverkauf werden bei jeder Ausgangsrechnung zur Sicherheit zurückgestellt:

   8 %   für Garantieverpflichtungen
   2 %   für Kulanzgewährleistungen

10. Nach der Inventur liegen folgende Schlussbestände vor:

Werkstoffe	Anschaffungskosten/Herstellungskosten	Tageswert
Hilfsstoffe	14.000,00 €	14.800,00 €
Betriebsstoffe	30.000,00 €	32.000,00 €
Unfertige Erzeugnisse	50.000,00 €	45.000,00 €

Zur Berechnung der Bezugspreise steht Ihnen die folgende Arbeitshilfe zur Verfügung.

Gewichtsspesen

Gewichtsspesen je t:	_____	_____	
Artikel	**Gewicht in t**	**Gewichtsspesen je t**	**Frachtkosten**
Fenster			
Montageschaum			

Wertspesen

Wertspesen je €:	_____	_____	
Artikel	**Einkaufspreis**	**Wertspesen je 1,00 €**	**Versicherungskosten**
Fenster			
Montageschaum			

Bezugskalkulation	**Fenster**	**Montageschaum**
Einkaufspreis	8.500,00 €	750,00 €
Frachtkosten	300,00 €	15,00 €
Versicherungskosten	170,00 €	15,00 €
Bezugskosten	470,00 €	30,00 €
Bezugspreis	8.970,00 €	780,00 €
Umsatzsteuer	1.704,30 €	148,20 €
Rechnungsbetrag:	10.674,30 €	928,20 €

Eröffnungsbuchungen

Nr.	Datum	Text	Soll	Haben
a)	01.05.			
		an		
b)	01.05.			
		an		

© Winklers · Schmolke/Deitermann · Übungen zur Finanzbuchhaltung · 6663108

Eröffnungsbuchungen				
Nr.	Datum	Text	Soll	Haben
c)	01.05.			
		an		
d)	01.05.			
		an		
e)	01.05.			
		an		
f)	01.05.			
		an		
g)	01.05.			
		an		
h)	01.05.			
		an		
i)	01.05.			
		an		
j)	01.05.			
		an		
k)	01.05.			
		an		
l)	01.05.			
		an		
m)	01.05.			
		an		
n)	01.05.			
		an		
Eröffnungsbuchungen				

$\longrightarrow$

Eröffnungsbuchungen

Nr.	Datum	Text	Soll	Haben
o)	01.05.			
		an		
p)	01.05.			
		an		
q)	01.05.			
		an		
r)	01.05.			
		an		
s)	01.05.			
		an		
t)	01.05.			
		an		
u)	01.05.			
		an		
v)	01.05.			
		an		
w)	01.05.			
		an		
x)	01.05.			
		an		
y)	01.05.			
		an		
z)	01.05.			
		an		

Laufende Buchungen				
Nr.	Datum	Text	*Soll*	*Haben*
1.	02.05.			
		an		
2.	03.05.			
		an		
3.	03.05.			
		an		
4.	05.05.			
		an		
5.	05.05.			
		an		
6.	07.05.			
		an		
		an		
		an		
		an		
7.	09.05.			
		an		
		an		
8.	09.05.			
		an		
		an		

→

Laufende Buchungen

Nr.	Datum	Text	Soll	Haben
9.	10.05.			
		an		
10.	12.05.			
		an		
		an		
11. a.	14.05.			
		an		
11. b.	14.05.			
		an		
12.	15.05.			
		an		
		an		
13. a.	15.05.			
		an		
		an		
13. b.	15.05.			
		an		

Laufende Buchungen				
Nr.	Datum	Text	Soll	Haben
14.	16.05.			
		an		
		an		
15.	17.05.			
		an		
16. a.	20.05.			
		an		
		an		
		an		
16. b.	20.05.			
		an		
17.	23.05.			
		an		
		an		
18.	23.05.			
		an		
19. a.	24.05.			
		an		
19. b.	24.05.			
		an		

→

Laufende Buchungen

Nr.	Datum	Text	Soll	Haben
19. c.	24.05.			
		an		
20.	24.05.			
		an		
		an		
21.	25.05.			
		an		
22.	26.05.			
		an		
		an		
		an		
23.	28.05.			
		an		

Buchungen aufgrund der Abschlussangaben

Nr.	Datum	Text	Soll	Haben
24.	31.05.			
		an		
25.	31.05.			
		an		

© Winklers · Schmolke/Deitermann · Übungen zur Finanzbuchhaltung · 6663114

Nr.	Datum	Text	Soll	Haben
		Buchungen aufgrund der Abschlussangaben		
26.	31.05.			
		an		
		an		
		an		
27.	31.05.			
		an		
28.	31.05.			
		an		
29.	31.05.			
		an		
30.	31.05.			
		an		
31.	31.05.			
		an		
		an		
		an		
32.	31.05.			
		an		
33.	31.05.			
		an		
34.	31.05.			
		an		
35.	31.05.			
		an		

Buchungen aufgrund der Abschlussangaben

Nr.	Datum	Text	Soll	Haben
36.	31.05.			
		an		
37.	31.05.			
		an		
38.	31.05.			
		an		
39.	31.05.			
		an		

Vorbereitende Abschlussbuchungen

Nr.	Datum	Text	Soll	Haben
40.	31.05.			
		an		
41.	31.05.			
		an		
42.	31.05.			
		an		
43.	31.05.			
		an		
44.	31.05.			
		an		

© Winklers · Schmolke/Deitermann · Übungen zur Finanzbuchhaltung · 6663116

Abschluss der Erfolgskonten

Nr.	Datum	Text	Soll	Haben
45.	31.05.			
		an		
46.	31.05.			
		an		
47.	31.05.			
		an		
48.	31.05.			
		an		
49.	31.05.			
		an		
50.	31.05.			
		an		
51.	31.05.			
		an		
52.	31.05.			
		an		
53.	31.05.			
		an		
54.	31.05.			
		an		
55.	31.05.			
		an		
56.	31.05.			
		an		

Nr.	Datum	Text	Soll	Haben
57.	31.05.			
		an		
58.	31.05.			
		an		
59.	31.05.			
		an		
60.	31.05.			
		an		
61.	31.05.			
		an		
62.	31.05.			
		an		
63.	31.05.			
		an		
64.	31.05.			
		an		
65.	31.05.			
		an		
66.	31.05.			
		an		
67.	31.05.			
		an		

Abschluss der Erfolgskonten

© Winklers · Schmolke/Deitermann · Übungen zur Finanzbuchhaltung · 6663118

Abschlussbuchungen

Nr.	Datum	Text	Soll	Haben
68.	31.05.			
		an		
69.	31.05.			
		an		
70.	31.05.			
		an		
71.	31.05.			
		an		
72.	31.05.			
		an		
73.	31.05.			
		an		
74.	31.05.			
		an		
75.	31.05.			
		an		
76.	31.05.			
		an		
77.	31.05.			
		an		
78.	31.05.			
		an		
79.	31.05.			
		an		

→

Abschlussbuchungen

Nr.	Datum	Text	Soll	Haben
80.	31.05.			
		an		
81.	31.05.			
		an		
82.	31.05.			
		an		
83.	31.05.			
		an		
84.	31.05.			
		an		
85.	31.05.			
		an		
86.	31.05.			
		an		
87.	31.05.			
		an		
88.	31.05.			
		an		
89.	31.05.			
		an		

© Winklers · Schmolke/Deitermann · Übungen zur Finanzbuchhaltung · 6663120

Soll **Grundstücke und Bauten (0500)** Haben

Soll **Technische Anlagen und Maschinen (0700)** Haben

Soll **Betriebs- und Geschäftsausstattung (0800)** Haben

Soll **Fuhrpark (0840)** Haben

Soll **Eröffnungsbilanzkonto (8000)** Haben

Bezugskosten für Hilfsstoffe (2021)

Haben · Soll

Betriebsstoffe (2030)

Haben · Soll

Unfertige Erzeugnisse (2100)

Haben · Soll

Forderungen aus Lieferungen und Leistungen (2400)

Haben · Soll

GWG-Sammelposten 01 (0891)

Haben · Soll

GWG-Sammelposten 02 (0892)

Haben · Soll

GWG-Sammelposten 03 (0893)

Haben · Soll

Hilfsstoffe (2020)

Haben · Soll

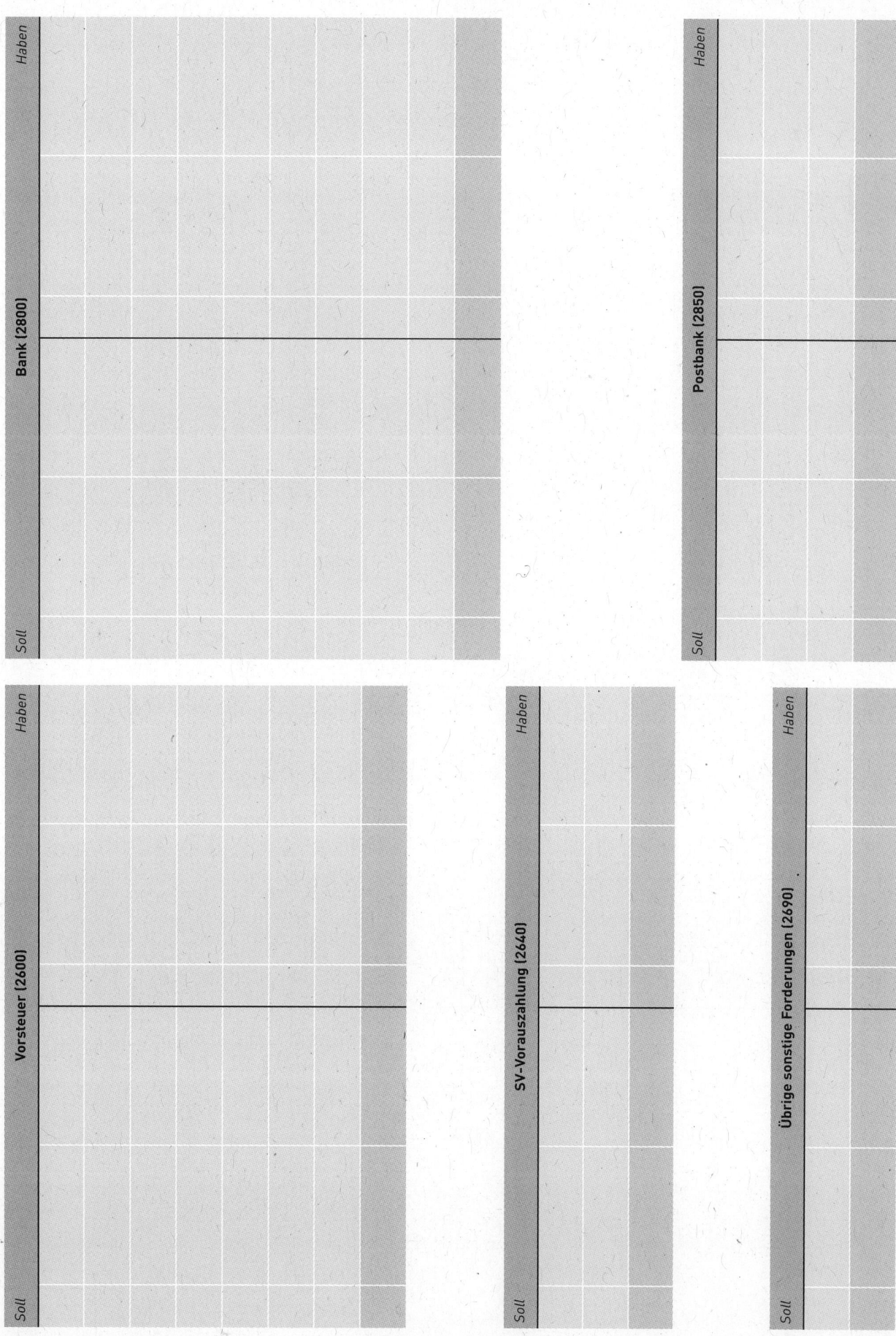

Bank (2800)

Haben

Soll

Postbank (2850)

Haben

Soll

Vorsteuer (2600)

Haben

Soll

SV-Vorauszahlung (2640)

Haben

Soll

Übrige sonstige Forderungen (2690)

Haben

Soll

Steuerrückstellungen (3800) — Haben / Soll

Sonstige Rückstellungen (3900) — Haben / Soll

Hypothekenschulden (4250) — Haben / Soll

Darlehensschulden (4230) — Haben / Soll

Verbindlichkeiten aus Lieferungen und Leistungen (4400) — Haben / Soll

Kasse (2880) — Haben / Soll

Aktive Rechnungsabgrenzung (2900) — Haben / Soll

Eigenkapital (3000) — Haben / Soll

Privat (3001) — Haben / Soll

© Winklers · Schmolke/Deitermann · Übungen zur Finanzbuchhaltung · 6663124

Umsatzerlöse für eigene Erzeugnisse (5000)

Soll | Haben

Erlösberichtigungen Umsatzerlöse für eigene Erzeugnisse (5001)

Soll | Haben

Bestandsveränderungen (5200)

Soll | Haben

Aktivierte Eigenleistungen (5300)

Soll | Haben

Miet- und Pachterlöse (5081)

Soll | Haben

Umsatzsteuer (4800)

Soll | Haben

Sonstige Verbindlichkeiten gegenüber Finanzbehörden (4830)

Soll | Haben

Übrige sonstige Verbindlichkeiten (4890)

Soll | Haben

ÜBUNGSHEFT

Aufwendungen für Vorprodukte/Fremdbauteile (6010)

Soll | Haben

Bezugskosten Aufwendungen für Vorprodukte/Fremdbauteile (6011)

Soll | Haben

Aufwendungen für Hilfsstoffe (6020)

Soll | Haben

Aufwendungen für Betriebsstoffe (6030)

Soll | Haben

Löhne (6200)

Soll | Haben

Anlagenabgänge (5410)

Soll | Haben

Entnahme von Gegenständen u. s. L. (5420)

Soll | Haben

Erträge Herabsetzung Rückstellungen (5480)

Soll | Haben

Aufwendungen für Rohstoffe (6000)

Soll | Haben

Nachlässe Aufwendungen für Rohstoffe (6002)

Soll | Haben

© Winklers · Schmolke/Deitermann · Übungen zur Finanzbuchhaltung · 6663126

Soll Verluste aus Abgang von Vermögensgegenständen (6960) **Haben**

Soll Anlagenabgänge (6979) **Haben**

Soll Zuführungen zu Rückstellungen (6980) **Haben**

Soll Zinsaufwendungen (7510) **Haben**

Soll Gewerbesteuer (7700) **Haben**

Soll Gehälter (6300) **Haben**

Soll Arbeitgeberanteil SV (6400) **Haben**

Soll Abschreibungen auf Sachanlagen (6520) **Haben**

Soll Abschreibungen auf GWG (6540) **Haben**

Soll Versicherungsbeiträge (6900) **Haben**

Die Vorlage zur Schlussbilanz finden Sie auf der Innenseite des Heftumschlages hinter dem Kontenrahmen.

Schlussbilanzkonto

Soll / *Haben*

Gewinn- und Verlustkonto

Soll / *Haben*